道教典籍選刊

化書

〔五代〕譚峭 撰
丁禎彥 李似珍 點校

圖書在版編目(CIP)數據

化書/(五代)譚峭撰;丁禎彦,李似珍點校. —北京:中華書局,1996.8(2025.4 重印)
(道教典籍選刊)
ISBN 978-7-101-01388-7

Ⅰ.化… Ⅱ.①譚…②丁…③李… Ⅲ.譚峭-哲學思想 Ⅳ.B241.8

中國版本圖書館 CIP 數據核字(2002)第 085406 號

責任編輯:劉浜江
封面設計:周　玉
責任印製:陳麗娜

道教典籍選刊
化　書
〔五代〕譚　峭 撰
丁禎彦　李似珍 點校
*
中華書局出版發行
(北京市豐臺區太平橋西里 38 號　100073)
http://www.zhbc.com.cn
E-mail:zhbc@zhbc.com.cn
河北博文科技印務有限公司印刷
*
850×1168 毫米 1/32・4 印張・2 插頁・54 千字
1996 年 8 月第 1 版　2025 年 4 月第 22 次印刷
印數:59001-62000 册　定價:19.00 元

ISBN 978-7-101-01388-7

道教典籍選刊緣起

道教是我國土生土長的宗教，歷史悠久，可以溯源到戰國時期的方術，甚至更古的巫術，而正式形成於東漢時期。它是我國傳統文化的重要組成部分，對我國人民的思維方式、生活方式，對古代科學、技術的發展，都産生過重要之影響，並波及社會政治、經濟等各方面。

道教典籍極爲豐富，就道藏而言，多達五千餘卷，是有待進一步發掘、清理和利用的文化遺産之一。爲便於國内外學術界對道教及其影響的研究，便於廣大讀者瞭解道教的概貌，我們初步擬訂了道教典籍選刊的整理出版計劃。其中既有道教最基本的典籍，也包括各種流派的代表作，有不少書與哲學、思想史關係密切。所有項目，都選用較好的版本作爲底本，進行校勘標點。

由於我們缺乏經驗，工作中難免有失誤之處，亟盼關心此項工作的專家和廣大讀者給以指導與幫助。

中華書局編輯部

一九八八年二月

目録

譚峭化書的社會思想和哲學思想（代序）

（一）

化書舊名齊邱子，舊説南唐時宋齊邱撰。此説見於宋初張耒書宋齊邱化書後、馬令南唐書和晁公武郡齋讀書志。然與宋齊邱同時代之陳摶則以爲非。據陳景元（號碧虛子）化書後序記載，陳摶曾與其弟子張無夢言：

「我師友譚景昇，始於終南山著化書，因遊三茅，經歷建康，見齊邱有僊風道骨，雖溺於機智，而異乎黄埃稠人，……乃出化書授齊邱曰：是書之化，其化無窮，願子序之，流於後世。於是杖靸而去。齊邱奪爲己有而序之耳。噫！昔向秀述南華解義，未傳而死，郭象偷解成注，誠罪人也。今譚君名刻於白簡，身不老於人間，齊邱敢縱其盜心，蔽其僊跡，其罪尤著也。」

明弘治劉達刻本化書後序、明天啓刻本化書序等均據此認化書爲譚峭著，齊邱竊之。或又有此書雖譚峭所作，其中某些部分可能經齊邱增改之説，如王世貞便謂「是書也，吾以爲齊邱必竄入其自著十之一、二，而後掩爲己有」。衆説紛紜，莫衷一是。然從齊、譚生平來看，宋齊邱爲豫章（今屬江西省）人，歷任五代十國時吳國左諫議兵部侍郎、右僕射平章事、洪州節度使等職。於七十三歲去世前，一直在政界沉浮，雖酷好術數，却與道教理論無緣，此與化書修煉内丹、憤世嫉時之旨相去相遠。而譚峭則終生學道，與化書風格較接近，故本點校本且棄齊邱撰作舊説而遵陳景元考定譚峭爲化書作者。至於書中是否有齊邱之論贅入，則有待于進一步的考証。

譚峭生平，新五代史僅及一句，沈汾續僊傳記載最詳。言譚峭字景昇，唐國子司業譚洙之子。「幼而聰明，及長頗涉經史，强記，問無不知，屬文清麗。洙訓以進士業，然峭不然，迥好黄、老諸子及周穆、漢武、茅君，列僊内傳，靡不精究」。後辭父出遊，歷終南、太白、太行、王屋、華山、泰岳等名山大川。又師於嵩山道士十餘年，得辟穀養氣之術。惟以酒爲樂，常醉騰騰雲游各地。最後終老於青城山。他的出走學道，亦可視爲對現實社會的一種消極反叛。可惜的是續僊傳不記譚峭的生卒年月，也没有關於化書的記載，十國春秋雖有齊邱奪化書事，但又頗具神僊色彩。此外，道藏有譚峭號紫霄真人的記載，余嘉錫四庫提要辨證亦同此説，然陸游、馬令南唐書、十國春秋等書却又謂譚紫霄隱廬山棲隱洞，敍其行狀與沈汾所記迥異，似乎譚峭與譚紫霄爲二人。這些至今仍無定論。究其原因，可能是道士之流，行蹤本無定，官方史書又少有關於道教歷史的系統記述；而道書中的記載，又徒以靈跡託人，廣採神鬼，收羅蕪雜，不像佛教有高僧傳之類傳法世系的記録。因此，其傳往往難以考定。本書姑且以沈汾所記爲準，而將其它各説作爲附録，雜陳於正文後，以俟有識者之辨。

化書有許多涉及社會經濟、政治方面的内容，因而有人視化書爲雜家著作。其實譚峭仍是道教中人，而他的「雜」恰恰是道教學派特點的反映。被道教學者奉爲始祖的老子，本來就不是一个清談玄虛的人物，而是一个以「不入」而入的涉世者。東漢末年是道教形成時期，黄巾起義曾利用原始道教作爲組織和發動起義的工具，因此曹操曾下令禁止道教。但以後統治階級又轉而利用道教。故屬於早期道教經典的太平經一書中，既有對當時社會進行批判的一面，又有替統治階級着想，維護封建等級制度之處。魏晋南北朝時，官方道教學者葛洪寫的抱朴子，一方面用道家方術附會神僊、金丹的教理，另一方面又堅持綱常名教，要求用道教「佐時治國」，並對魏晋以來的清談風氣表示不滿，對如何實行統治提供了許多具體主張。他們都與現實社會相當地貼近。

道教在唐代仍與政治休戚相關。首先，它受到統治者的提倡，李唐王室自認是老子之後，高宗乾封年間，追號老子爲「太上玄元皇帝」。玄宗開元、天寶時，道教因受官方推崇而達到鼎盛時期。這時的道士很多，大多是所謂的山林清修，即企圖「走終南捷徑」，以處士虛聲震動朝廷的人物。他們雖然搞符籙方術，但也致力於理論的發揮，在系統上多承陸修静、陶弘景一派之法統，兼論内外丹修煉及治世之道。至唐末五代時，閭丘方遠和杜光庭等人更發揚此種法統。由於社會戰亂頻繁，階級矛盾尖鋭，促使一些因避世而遁入道門的人發揚道家借道以論世的傳統，對現實世界種種不合理的現象進行了不同程度的揭露和抨擊。譚峭化書中大量對現實生活的涉及，便是當時社會背景下的産物。他對道家理論的精究及獨到之體悟，對現實世界的關注及理解之深刻，使化書在道教發展史上占據一席之地。而他本人也因此成爲這一時期道家思想的代表人物。

〔二〕

譚峭比較深刻地揭露了統治階級對農民的剥削和壓迫。他説：

「王取其絲，吏取其綸；王取其綸，吏取其紵。取之不已，至於欺罔；欺罔不已，至於鞭撻；鞭撻不已，至於盗竊；盗竊不已，至於殺害；殺害不已，至於刑戮。欺罔非民愛，而裒斂者教之；殺害非民願，而鞭撻者訓之。」（化書絲綸。以下引化書只注篇名。）

這是對統治者强取豪奪、殘酷壓迫農民的具體描述。譚峭認爲反抗是由于壓迫所起，盗賊是由聚斂所致。統治者壓迫、剥削的結果，只能是農民起來造反。他闡發了「官逼民反」的思想。認爲農民之所以侮天子，是由於天子作弓矢武器以鎮壓人民；民之所以「擅甲兵，踞粟帛以奪其國」，也是由於統治者「好聚斂，蓄粟帛，具甲兵以禦盗賊」。（弓矢）所以他説：「非兔狡，獵狡也。非民詐，吏詐也。慎勿怨盗賊，盗賊惟我召；慎勿怨叛亂，叛亂稟我教。」（太和）人民對付統治者的手段，都是統治者逼出來的，統治者咎由自取。

先秦老子曾揭露當時的社會矛盾，説：「民之飢，以其上食税之多，是以飢。民之難治，以其上之有爲，是以難治；民之輕死，以其上求生之厚，是以輕死。」（老子七十五章）還説：「朝甚除，田甚蕪，倉甚虚；服文采，帶利劍，厭飲食，財貨有餘，是謂盗竽。」（同上，五十三章。）譚峭作爲一个道士，奉老子爲祖師，發揮了老子這一思想。他對統治者與被統治者的關係，也有十分激烈的言論。説：「民不怨火而怨使之禁火，民不怨盗而怨使之防盗。」（養民）是説對統治者怨恨，才是真正的怨恨，而對犯上作亂的所謂「盗」却恨不起來。太平經中有比喻剥削者爲獨占老百姓財富的老鼠的言論，説老鼠獨占倉中之粟，而「倉中之粟，本非獨鼠有也，少（小）内之錢財，本非獨以給一人也。其有不足者，悉當從其取也。愚人無知，以爲終不知及萬户之委輸，皆當得衣食於是也。」（太平經六罪十治訣）譚峭在化書雀鼠中也指斥統治者爲「雀鼠」、「盗賊」，説：「人所以惡雀鼠者，謂其有攘竊之行；雀鼠所以疑人者，謂其懷盗賊之心。」剥削者對老百姓是「剜其肌，啖其肉」，「扼其喉，奪其哺」，在這種情況下，人民怎能不起來鬬争、反抗呢？

譚峭不僅對殘酷的封建暴政深爲痛恨，而且對統治階級虚僞的道德説教表示了輕蔑。譏諷他們「行切切之仁，用慼慼之禮，其何以謝之哉」！（七奪）他指出，統治階級的封建道德説教，目的在於維繫、延長自身的統治，而這又暴露了封建道德説教的空洞和虚僞。他説：「是以大人以道德游泳之，以仁義漁獵之，以刑禮籠罩之，蓋保其國家而護其富貴也。故道德有所不實，仁義有所不至，刑禮有所不足。」其結果是「教民爲奸詐，使民爲淫邪，化民爲悖逆，驅民爲盗賊」。（以上見大化）他還諷刺那些自稱愛民的統治者，説「愛民不如不愛」，「防人盗不如防我盗」。（養民）應該承認，譚峭這些見解在當時是切中時弊的。

譚峭比起同時代的思想家們高明的地方在於他能從經濟因素分析農民起來反抗暴政的原因。早在春秋時期，管仲就説過「倉廪實則知禮節，衣食足則知榮辱」。這裏初步接觸到了經濟生活和道德規範的關系係。漢代思想家王符曾經指出：「國之所以爲國者，以有民也。民之所以爲民者，以有穀也。穀之所以豐殖者，以有民功也。功之所以能建者，以日力也。化國之日舒以長，故其民閑暇而力有餘；亂國之日促以短，故其民困務而力不足。」（後漢書王符傳）這是從農民用在物質生産上的時間的長短，來説明國家的治亂。他認爲農民用於生産穀物的時間愈長，國家則治；相反，國家則亂。所以，他又説：「聖人深知力者民之本，國之基也，故務省徭役，使之愛日。」（同上）這也觸及到社會經濟生活和社會發展的關係。譚峭則是從另一角度來發揮這一思想。他説：「民事之急，無甚於食。」「一日不食則憊，二日不食則病，三日不食則死。」（七奪）吃飯是老百姓賴以維持生活的最低要求。但是，農民辛勤勞動的成果却被統治者掠奪去了。「王者奪其一，卿士奪其一，兵吏奪其一，戰伐奪其一，工藝奪其一，商賈奪其一，道釋之族奪其一。」（七奪）王、吏、士、工、商、釋、道，都從農民手里搶走了糧食，他們是一群不治而食的寄生者。譚峭還認爲，無論年成的豐歉，農民都過着非人的生活。豐年穀價賤，需錢交税，在出售穀物時又遭到商人壓價的掠奪；荒年收成少，更是遭到官府和地主的敲榨勒索。其結果是農民只能「繰葛苧之衣」，「飯橡櫟之實」，過着衣不避寒，食不充飢的牛馬般的生活。他認爲這就是人間最大的不平、最大的不義。「王者之刑理不平，斯不平之甚也；大人之道教不義，斯不義之甚也。」（同上）在這種情況下，農民鋌而走險，就如「火將逼而投於水，知必不免，且貴其緩；虎將噬而投於谷，知必不可，或覬其生」。（絲綸）譚峭從分配制度角度揭示社會矛盾産生的原因，較之前人又有認識上的深入。

譚峭進一步從「食」之分配不均探討了社會動亂的根源。他認爲一方面是官僚地主們無限制地追求食的奢侈、美味，另一方面是老百姓連肚子都吃不飽，結果是矛盾日益激化。「貧食愈不足，富食愈不美。所以奢僭由茲而起，戰伐由茲而始。能均其食者，天下可以治」。（奢僭）他主張用「均食」的辦法來解決社會問題，說：「苟王者能均其衣，能讓其食，則黔黎相悅，仁之至也；父子相愛，義之至也；飢飽相讓，禮之至也；進退相得，智之至也；許諾相從，信之至也。」（鵰鳶）這種説法自然是譚峭的幻想。不過，在這種幻想裏多少反映了農民的某種均貧富的要求，却是應肯定的。化書中還有一篇描述螞蟻社會生活的文章，用以表達他對理想社會的憧憬：「螞蟻之有君也，一拳之宮，與衆處之；一塊之臺，與衆臨之；一粒之食，與衆蓄之；一蟲之肉，與衆哂之；一罪之疑，與衆戮之。」（螻蟻）就是說，理想的社會就應像螞蟻一樣，君與民共同勞動、共同生活、共同治理社會；統治者與老百姓之間，真正做到「心相通而後神相通，神相通而後氣相通，氣相通而後形相通」。（同上）這樣老百姓就不會有怨恨（「怨何由起」），也不會起來造反（「叛何由始」），世界也就真正達到了太平境界了。這就是譚峭所企求的理想社會。這一理想社會與當時動亂之社會現狀形成强烈的反差。

那么，究竟怎樣纔能達到這種理想社會呢？譚峭提出的辦法是「節儉」。老子曾經把「儉」作爲「三寶」之一，譚峭發揮了這個思想。在他看來「儉可以爲萬化之柄」。就个人說，做到了「儉」，可以「養虛」、「養神」、「養氣」、「保壽命」、「出生死」；就社會而言，做到了「儉」，可以「無盜賊」、「無叛亂」、「無姦佞」。他說：「議欲救之，莫過乎儉。儉者，均食之道也。食均則仁義生，仁義生則禮樂序，禮樂序則民不怨，民不怨則神不怒，太平之業也。」（太平）又說：「君儉則臣知足，臣儉則士知足，士儉則民知足，民儉則天下知足。天下知足，所以無貪財，無競名，無奸蠹，無欺罔，無矯佞。是故禮義自生，刑政自寧，溝壘自平，甲兵自停，遊蕩自耕，所以三皇之化行。」（三皇）「食」與「儉」的關係，是「食」也要用「儉」來加以節制。「飲饌，常食之物，食之不得其道，以至於亡身，蓋失於不節也」。（太平）這裏將社會政治制度的問題，歸之於道德方面的改進及個人習慣的糾正，當然是無補於現實的。譚峭甚至想用道德説教來規勸統治者實行節儉的原則，與人民一心一德，來求得天下的太平。他説：「是心主者以我欲求人之欲，以我飢求人之飢，我怒民必怒，我怨民必怨。能知其道者，天下胡爲乎叛？」（燔骨）這種階級調和論的觀點明顯地反映譚峭對社會問題認識上的不足。

〔三〕

化書有相當的篇幅討論了如自然觀、形神關係、人的主觀能動性等問題，其中最突出的是「虛化萬物」、「一切皆化」的觀點。自魏晋以來有無（動静）之辯一直是哲學争論的中心問題，到了唐代，這一問題的争論又和佛教學者對空、有（性、相）的討論相聯繫，而得到了深入的發展。空、有（性、相）問題不過是有無（動静）之辯的另一種表現形態。唐代佛教各派和道教、儒家學者各自圍繞這個中心，提出自己的看法。而化書對這個論題的深入，是從「虛」與萬物的關係入手的。

譚峭認爲萬物都是從「道」産生的，這是他作爲道教學者的本色。但是他并没有對道作過多的展開，而把道生萬物的中間環節「虛」作爲研究的重點，强調「虛」在化生萬物中的作用，認爲萬物皆由「虛」演化而來。他説：

「道之委也，虛化神，神化氣，氣化形，形生而萬物所以塞也。道之用也，形化氣，氣化神，神化虛，虛明而萬物所以通也。是以古聖人窮通塞之端，得造化之源，忘形以養氣，忘氣以養神，忘神以養虛。虛實相通，是謂大同。」（道化）

這裡講的是虛、實變化的兩個過程。從「虛化神，神化氣，氣化形」，是道順而生萬物的變化過程，即「道之委也」；由「形化氣，氣化神，神化虛」，是萬物還原於道的變化過程，即「道之用也」。在譚峭看來，有形的萬物始原於虛，又還原於虛，杳渺的虛既是萬物的本源，又是氣的歸宿。這種觀點擡高「虛」的地位，貶低「形」的作用，把精神性的「虛」看得比物質性的形更爲根本，而「氣」只不過是從「虛」到「形」（有形物）發展過程中的一个中間環節。在譚峭看來古代聖人所以高明，就在於能「窮通塞之端，得造化之源」，瞭解「虛」是世界的第一原理，並且從「道之委」和「道之用」兩个方面達到虛實統一的精神境界，即「大同」境界。這裡的「大同」不是指政治上大同社會的大同，而是一種認識、修養所達到的境界。經常保持這種精神境界，就可以做到「藏之爲元精，用之爲萬靈，合之爲太一，放之爲太清。」（同上），就可以達到「無死生的神化境地。

他對「虛」化生萬物的具體狀態作了詳細的考慮，認爲不僅無生命的有形物是由「虛」化而來，而且一切有生命、有血氣之物也是由「虛」化而來的：「虛化神，神化氣，氣化血，血化形，形化嬰，嬰化童，童化少，少化壯，壯化老、老化死。死復化爲虛，虛復化爲神，神復化爲氣，氣復化爲物。」（死生）這是一个「化化不間，猶環之無窮」的過程。在這種化化不間、循環往復之中有「理」（必然性）可循，即有它不以人們意志爲轉移的規律性。但是譚峭又將此理的作用加以誇張，認爲「萬物非欲生，不得不生；萬物非欲死，不得不死。達此理者虛而乳之，神可以不化，形可以不生。」（同上）只要能通曉虛、神與氣、形相互轉化之理，知虛爲造化之本，神爲生命之根，專心守神，歸於虛寂，即「虛而乳之」，就能達到「神可以不化，形可以不生」，也就是有神無形的永生境界。這自然是一種虛構的幻想。它與神可以滅、形可以死，一切具體的物質形態都有生滅，只有物質世界不生不滅的客觀事實相去甚遠。

不獨自然界是由「虛」化而來，譚峭認爲社會的變化和自然界的變化有着同一個根源。人類社會、上下尊卑、倫理道德、甲兵爭奪等等，都起源於「虛」。他說：「虛化神，神化氣，氣化形，形化精，精化顧盼，而顧盼化揖讓，揖讓化陞降，陞降化尊卑，尊卑化分別，分別化冠冕，冠冕化車輅，車輅化宮室，宮室化掖衛，掖衛化燕享，燕享化奢蕩，奢蕩化聚斂，聚斂化欺罔，欺罔化刑戮，刑戮化悖亂，悖亂化甲兵，甲兵化爭奪，爭奪化敗亡。」（大化）這裡列舉的一系列社會現象，如揖讓、陞降、尊卑、奢蕩、聚斂、刑戮、甲兵等等，譚峭認爲都根源於「虛」。這是一種錯誤的歷史觀。

化書中的虛化萬物思想，並非譚峭所獨創，而是在繼承了老子、莊子以及佛教關於空、無、虛的思想基礎上提出來的。老子早就說過：「天下萬物生於有，有生於無。」（老子四十章）譚峭以「虛」爲「無」，並作了發揮，在從無至有過程中插進了許多中間環節。莊子在評論先秦「莫爲」「或使」之爭時，也談到虛和物的關係。他說：「或之使，莫之爲，未免於物，而終以爲過。或使則實，莫爲則虛。有名有實，是物之居；無名無實，在物之虛。……或之使，莫之爲，疑之所假。」（莊子則陽）是說「莫爲」說把道看成是在物之虛而莫爲於物，把道和物、虛和實、無名和有名截然對立起來，這與「或使」說同樣是一種使人迷惑的見解。莊子强調道和物、虛和實之間沒有絶對的界限,「物物者與物無際」(莊子知北遊)。譚峭發揮了莊子這一思想。他一方面講虛化萬物,另一方面又講「虛實相通」。他説:「龍化虎變,可以蹈虛空,虛空非無也。可以貫金石,金石非有也。有無相通,物我相同。」(龍虎)就是從道家修煉方面强調「誠心專氣,有無相通」的合理性。譚峭最後斷定,虛是世界的統一原理、一切事物的內在原因,只要「忘形以養氣,忘氣以養神,忘神以養虛。」(道化)就能達到「虛實相通」的境界。這種説法雖然有泛神論的傾向,但對以後北宋張載把「太虛」與「氣」統一起來,提出「太虛即氣」,反對離「氣」而言「虛」有明顯的影響。

應該指出,譚峭這種虛化萬物、虛實相通的思想,除了受老、莊和道教傳統思想影響外,還有其現實的社會原因。譚峭生活在動盪的「五代十國」時期,他目睹各種尖鋭的社會矛盾,但找不到解決這些矛盾的方法。他本是從封建統治階級中游離出來的人,却又未能徹底與封建統治階級決裂;他激烈抨擊社會黑暗現象,但又竭力維護剥削制度,要求改良。種種矛盾使他在政治思想上找不到歸宿,最後只能在虛無飄渺的神化境界中來自我解脱。他説:「水至清而結冰不清,神至明而結形不明。冰泮返清,形散返明。能知真死者,可以遊太上之京。」(神道)那就是説他只能在「太上之京」中去尋找安慰了。

譚峭在論證虛實相通時暴露了明顯的邏輯錯誤和他的主觀主義思想方法。如他説:「射似虎者,見虎而不見石;斬暴蛟者,見蛟而不見水。是知萬物可以虛,我身可以無。以我之無,合彼之虛,自然可以隱,可以顯,可以死,可以生,而無所拘。夫空中之塵若飛雪,而目未嘗見;穴中之蟻若牛鬬,而耳未嘗聞,况非見聞者乎!」(射虎)史記中確有李廣出獵「見草中石,以爲虎而射之」的記載,但並不是説客觀存在的石與虎是一个東西，以石爲虎只是一種主觀的幻覺；同樣，斬暴蛟者可能一時將注意力專注意於暴蛟而不復注意水，但並不是説水是虛無、不存在的。譚峭把某種事物暫不被人注意稱之爲「虛」，借以此論證萬物可以虛，統一於虛，這是一種偷換概念的邏輯錯誤。他還説：「且夫當空團塊，見塊而不見空；粉塊求空，見空而不見塊。形無妨而人自妨之，物無滯而人自滯之，悲哉！」（蛇雀）這是以爲萬物之間之界限區别，都是主觀造成的，客觀上萬物並無區别。這是一種主觀主義的思想方法。

這種主觀主義的思想方法，使他在認識論上陷入了相對主義，常常看到差别的相對性而否定其在一定條件下差别的絶對性。其中最有代表性的恐怕是老楓與梟雞中的兩段話。前者謂：「孰爲彼，孰爲我？孰爲有識，孰爲無識？萬物，一物也；萬神，一神也，斯道之至矣。」（老楓）這裡認爲彼我、一萬是没有區别的。後者則云：

「梟夜明而晝昏，雞晝明而夜昏，其異同也如是。或謂梟爲異，則謂雞爲同；或謂雞爲異，則謂梟爲同。孰梟雞之異晝夜乎？晝夜之異梟雞乎？孰晝夜之同梟雞乎？梟雞之同晝夜乎？夫耳中磬，我自聞；目中花，我自見。我之晝夜，彼之晝夜，則是晝不得謂之明，夜不得謂之昏。能齊昏明者，其唯大人乎！」（梟雞）

這段話與莊子齊物論的論辯方式如出一轍。這種早已被人們所批駁過的論式當然没有什麽説服力。既然外物并没有界限與差别，那麽人的認識器官也没有存在的必要。從「萬物皆虛」、「虛實相通」

的觀念出發，必然得出感官形同虛設的結論。化書中耳目篇便表達了這一層意思。文中云：

「目所不見，設明鏡而見之；耳所不聞，設虛器而聞之。精神在我，視聽在彼。跰跙可以割，陷吻可以補，則是耳目可以妄設，形容可以僞置。既假又假，既惑又惑。所以知魂魄魅我，血氣醉我，七竅囚我，五根役我。惟神之有形，由形之有疣。苟無其疣，何所不可？」（耳目）

這是對認識過程中感官作用之否定。人的感官、形體可能有某種缺陷，然而耳目並非虛設，認識對象在感官中的反映亦非僞置，認識總要通過與外接觸纔能獲得印象。譚峭視感官爲認識之束縛（「七竅囚我」），並認爲形爲神之累贅，顯然是錯誤的。他擡高「神」的作用，貶低「形」（形體、感官）的作用。說：「載我者身，用我者神，用神合真，可以長存。」（陽燧）「足行者有所不達，翼飛者有所不至，目視者有所不見，耳聽者有所不聞。夫何故？彼知形而不知神，此知神而不知形。以形用神則亡，以神用形則康。」（用神）譚峭强調「以神用形」，用「神」來支配「形」，以爲只有這樣認識纔能擺脱「形」的束縛。

譚峭在認識論上也有合理因素。如他說：「觀其文章，則知其人之貴賤焉；觀其書篆，則知其人情性焉；聞其琴瑟，則知其人之道德焉；聞其教令，則知其人吉凶焉。小人由是知唐堯之容淳淳然，虞舜之容熙熙然，伯禹之容蕩蕩然，殷湯之容堂堂然，文王之容巍巍然，武王之容諤諤然，仲尼之容皇皇然……」（知人）這是講「觀」「聞」等感覺經驗的重要。但他又指出感覺經驗並不完全可靠。他說：「作環舞者宮室皆轉，瞰迴流者頭目自旋。非宮室之幻惑也，而人自惑之；非迴流之改變也，而人自變之。是故粉巾爲兔，藥石爲馬，而人不疑；甘言巧笑，圖臉畫眉，而人不知。惟清静者，物不能欺。」

（環舞）人的感覺由於條件不同可能出現錯覺、幻覺，但認識上錯覺、幻覺並未改變認識對象的客觀實在性。譚峭認爲只要使人的理性處於清静狀態，就能區分什麽是正確的感覺，什麽是錯覺和幻覺，而不被錯誤所迷惑。這個看法值得稱許。

〔四〕

道家修丹有内丹外丹之分，這是人所周知的。東漢時期的周易參同契是内外丹兼顧的，以後抱朴子、太平經等道家著作都曾在這方面有過大量的記載和論述。這種科學技術上的實驗和觀察，使道家學者不僅繼承而且大大豐富和發展了從老子以來的「生生不息」思想。這在譚峭著作中也得到了反映。從化書中廣泛涉及修僊之術和「隱形變化」之術，表明譚氏的修煉是以内丹爲主。其内丹行徑以由「蟄藏」之法養神氣爲主，此法或與一種名蟄龍功的睡功有關。而他的隱形變化之術，又與唐五代强調於修煉自身的同時又施用法術於外的道風相通。這些經歷使他對世間萬物的變化深信不疑，并在實踐過程中總結出自己的體會。化書之題名，亦體現出他對「一切皆化」的肯定。關於道和化的關係，明弘治十七年劉達刻本化書序中有一段較好的論述。化書序曰：

「道在天地間不可見，可見者化而已。化在天地間不可見，可見者形而已。蓋道者，日用事物當行之理，無物不有，無時不然，所以不可須臾離也。若其可離，則爲外物而非道矣。」「……氣之清者化爲天，氣之濁者化爲地，氣之中和者化爲人，氣之駁雜者化爲物。氣化而形生，形化而氣生，生生化化，若循環然。始而終，終而復始，無窮無極者，皆道之委用也。然則非道無以生化，非化無以顯道。道之與化，一而二、二而一者也。是故古之聖賢，立言垂訓以詔後世，莫不因形以觀化，因化以明道，蓋亦不得已而然耳。」

這段是對化書有關「化」思想的概括。劉達根據道化等篇中的思想，抓住「道之委」和「道之用」二个方面來闡明「道」和「化」的關係。認爲譚峭所體驗的道和化有一種類似於體與用的關係，通過道在其間道化的結果和作用，産生了有形之萬物即化有形之物爲人們耳所聞、目所見，是道的外在表現。總之「非道無以化生，非化無以顯道」，道通過「化生萬物」來顯示自己，而「化生萬物」之源仍然是道。總之兩者的關係是體用不二，道化爲一。

自從魏晋時期的王弼在中國哲學史上第一个明確提出體用範疇以來，體用統一、體用不二的觀點就包含着這樣一个思想：即本體（「道」）以自身作爲原因，天地萬物是「道」的作用和表現；但「道」並不是一個外在力量，而是一個内在於萬物的原因。本體内在於萬物，萬物就是本體自己運動的表現。經過隋、唐哲學的發展，特别是柳宗元、劉禹錫提出辯證法的矛盾概念以來，哲學家們對萬物自己運動原因的考察又有了很大的進步。譚峭比一般道士高明的地方就在於他吸取了前人的成就，探討了道化之原。劉達推崇譚峭之處也是在這裏：「知之明，見之的，有以窺陰陽化育之原，達鳶魚飛躍之機者，孰能與於斯哉！」（劉達刻本化書序）

譚峭認爲「化」之原是由於「對待」之相磨、相推，即事物内部兩種勢力的相互作用。他説：

「動静相磨，所以化火也；燥濕相蒸，所以化水也；水火相勃，所以化雲也；湯盎投井，所以化雹也；飲水雨日，所以化虹霓也。」（動静）

這是把火、水、雲、虹等自然現象的變化，看成是動静兩種狀態互相磨蕩所引起，是朴素辯證法思想。他又説：「陰陽相搏，不根而生芝菌；燥濕相育，不母而生蛸蠐。是故世人體陰陽而根之，斅燥濕而母之，無不濟者。」「陶煉五行，火之道也；流行無窮，水之道也；八卦環轉，天地之道也；神物乃生，變化之道也。」（陰陽）這是説，正是由於「陰陽」、「燥濕」等對立面的相互作用，纔有火之燃燒，水之流行，八卦之環轉等現象的變化。這裏所説的「不根而生」、「不母而生」，並不真是説萬物變化没有「根」、没有「母」，而是認爲這種「根」或「母」不是單一的，而是事物内部對立的兩種勢力罷了。譚峭還説：「以陰孕陽，以柔孕剛，以曲孕直，以短孕長，以大孕小，以圓孕方，以水孕火，以丹孕黄。」（胡夫）這个「孕」字用得好，「孕」者，孕育、包含之謂也。事物内部包含着差别和矛盾（差别的内在發生），由此引起了事物的變化發展，結果導致了向對立面的轉化，即「可以爲異類」，這就是「造化之道」。（同上）

化書敘述了不少對立面轉化的實例，如説：「善馳者終於蹶，善鬬者終於敗。有數則終，有智則窮。巧者爲不巧者所使，詐者爲不詐者所理。」（異心）「無所不能者，有大不能；無所不知者，有大不知。」（聰明）還説：「天子作弓矢以威天下，天下盗弓矢以侮天子。君子作禮樂以防小人，小人盗禮樂以僭君子。有國者好聚斂，蓄粟帛、具甲兵以禦盗賊，賊盗擅甲兵、踞粟帛以奪其國。」（弓矢）值得注意的是化書講轉化也並不是完全不講條件。如説：「仁義者常行之道，行之不得其術，以至於亡國。忠信者常用之道，用之不得其術，以至於獲罪。廉潔者常守之道，守之不得其術，以至於暴民。財辯者常御之道，御之不得其術，以至於罹禍。」（常道）這裏的「行之不得其術」、「用之不得其術」、守之不得其術」、「御之不得其術」等就是從轉化的條件來討論問題的。

當然，化書中講轉化也有缺乏事實依據、主觀臆造的一面。例如說「老楓化爲羽人，朽麥化爲蝴蝶，自無情而之有情也。賢女化爲貞石，山蚯化爲百合，自有情而之無情也。」（老楓）楓樹化爲道士（「羽人」），朽麥化爲蝴蝶，顯然是缺乏科學依據的主觀臆造。不過這裏提到了「無情」之物可以轉化「有情」之物，「有情」之物也可以轉化爲「無情」之物，却是與自然界有些現象相合的。

譚峭在化書中還注意到事物的轉化有一定的必然性，遵循一定的規律。他說：「其來也勢不可遏，其去也力不可拔。」（大化）還說：「萬物非欲生，不得不生；萬物非欲死，不得不死。」（死生）在譚峭看來只要人們對這種轉化的必然規律有所認識（「達此理」），並在行動上不違背這種必然性，那就能達到預期目的。他說：「善救鬬者預其鬬，善解忿者濟其忿。是故心不可伏，而伏之愈亂；民不可理，而理之愈怨。水易動而自清，民易變而自平。其道也在不逆萬物之情。」（止鬬）這裏雖然有君臨於民衆之上的缺陷，但所提出「其道也在不逆萬物之情」，即做事情決不可反其道而行之，只能順其道而行之，却是有合理之處。

「其道也在不逆萬物之情」這句話，也反映了譚峭對人的主觀能動性的某種認識。在對待人的主觀能動性問題上，道家（老、莊）和道教有所不同，一般說來，老莊講「無爲」，雖有其尊重客觀的一面，但却反對了實踐，叫人不要有所作爲。老子說：「不行而知，不見而名，不爲而成。」（四十七章）還講「命」、「莫之命而常自然」(五十一章)「天網恢恢，疏而不漏。」(七十三章)莊子更是要人順從自然的命運的安排，「無以人滅天，無以故滅命，無以德殉名。」(秋水)道教則不同，它講人「能爲」，講役用萬物，並認爲人能凭借主觀能動性來「奪陰陽造化之根」。魏晋時道教學者葛洪在其抱朴子中説：「變化之術，何所不爲，……能爲之者，往往多焉！」(内篇黄白)還説：「陶冶造化，莫靈於人。故達其淺者，則能役用萬物；得其深者，則能長生久視。」(同上對俗)這就過份誇大了主觀能動性，説人可以成神僊，引導到神秘主義。唐代道教學者李筌也强調人的主觀能動作用，他提出「盗機」的理論。認爲人能盗竊天地陰陽五行之氣來滋養自己，如種田、養蠶等，都是人奪取天地之氣所成之物，作爲人的生活資料。他在注解陰符經中「天地萬物之盗，萬物人之盗，人萬物之盗也。」時説：「人於七氣之中，所有生成之物，悉能潛取以滋養其身，故言盗，則田、蠶、五穀之類也。」(陰符經疏)在太白陰經中還説：「陰陽寒暑爲人謀所愛，人謀成敗豈陰陽所變之哉！」(太白陰經天無陰陽)這是説人謀可以勝過自然界的陰陽寒暑，但他也過份誇大了這點，説什麽「設其善計，暗默修行……窮其深妙，以滋其性，或盗神水華池，玉英金液，以致神僊。」(陰符經疏卷中)這是從「盗機」的理論得出可以成神僊的結論。道教學者的這些理論的形成，得力於他們多年來對氣功、煉丹等活動的實踐。在這些過程中他們體會到人可以通過意識的調整與控制，獲得人身機體的超常發揮，創造諸如輕身、抗壓、水火刀槍不入等奇跡，從而對人謀可以勝過自然界變化充滿了信心。

譚峭繼承和發揮了道教學者的這一傳統，提出了「數可以奪」的觀點。他説：

「轉萬斛之舟者，由一尋之木；發千鈞之弩者，由一寸之機。一目可以觀大天，一人可以君兆

民。太虛茫茫而有涯，太上浩浩而有象。得天地之綱，知陰陽之房，見精神之藏，則數可以奪，命可以活，天地可以反覆。」（轉舟）

這是説人們所以能「轉萬斛之舟」，「發千鈞之弩」，其原因在於「得天地之綱」，「知陰陽之房」，即認識自然必然性。不過，譚峭這裏講的「數可以奪」，不僅是指必然性可以認識，而且包含有人能駕御自然必然性的意義。他相信人只要能「録精氣，藏魂魄，薄滋味，禁嗜欲，外富貴」（天地），「善用五行之精，善奪萬物之靈」（琥珀），就能够達到「雖天地老而我不傾，蟾虹死而我長生」（天地）的境界。

一般而言，唐代哲學除佛教外，較少有理論上的重大深入，譚峭對「萬物皆化」的推斷中，雖然彌漫着過多的神僊迷霧，但他通過對修煉内丹實踐的體驗，提出了有關萬物運化轉變的内在原因、外在條件、客觀必然性及人的主觀能動性在其中之作用等問題，許多見解超出了同時代人的眼界，給後人以啓發。宋代張載等哲學家以動静之對待解釋矛盾原因，可以説就是對譚峭變化觀的承襲與發展。

〔五〕

化書版本似在宋時便有兩種：一題「齊丘子（「丘」或作「邱」）所作」，一則經陳景元考訂，題名化書，可能以後又被編入道藏。

到了明代，化書被多次刊行。目前所知明代最早的刻本是明初天順年間的代王府本，此本在明弘治十七年（公元一五〇四）經劉達、鄭常清翻刻，當時已稱「歲久磨滅，見之者罕」，其實兩本相隔還不到五十年。現在代王府本已不可得見，但劉達刻本尚存，與明正統本道藏相對照，則知兩本文字大致相近。以後鹽邑志林本、寶顔堂秘笈本、榕園叢書本、墨海金壺本、四庫全書本、二十子全書等，其文字皆近道藏本，故此類版本或可稱之爲道藏本系統。

還有一種稱蔣孟蘋藏宋刊本者，其書目見載於涵芬樓燼餘書録及邵懿辰、邵章所著之增訂四庫簡明目録標注，近人傅增湘曾據此本校寶顔堂秘笈本，而此校本目前仍保存於北京圖書館。此宋刊本與道藏本無論在標題、句式和文字上都有很大的不同，兩者相異處約有一百多條。其最大的不同是卷一四鏡篇與巇嶬篇的錯簡。經對校，元秦昇家塾刻本與此宋本文字大致相近，故或定此兩本爲宋、元刊本系統。意宋本或在當時已與道藏本成二個系統，流傳至元代，以後便逐漸消失。

此外，説郛本雖承道藏系統，文字却多有歧異，或因其本原刻工粗糙，又多經揉雜竄亂所致。

考慮到以上版本淵源的情況，我們採用了道藏系統的鹽邑志林本作爲底本，同時又以宋、元刊本作爲主要的參校本。

在校點化書中，我們得到中華書局同志的幫助，謹於此表示感謝！

華東師範大學　哲學系
丁禎彦　李似珍

一九八五年十月稿
一九九三年八月改定

譚子化書

卷一　道　化〔一〕

道之委也，虚化神，神化氣，氣化形，形生而萬物所以塞也。道之用也，形化氣，氣化神，神化虚，虚明而萬物所以通也。是以古聖人窮通塞之端〔二〕，得造化之源，忘形以養氣，忘氣以養神，忘神以養虚。虚實相通，是謂大同。故藏之爲元精，用之爲萬靈，含之爲太一，放之爲太清。是以坎離消長於一身，風雲發泄於七竅，真氣熏蒸而時無寒暑，純陽流注而民無死生，是謂神化之道者也。

校　記

〔一〕「道化」，宋本有篇題作「紫極宫碑」。

〔二〕「是以」，宋本作「是」。

蛇雀

蛇化爲龜，雀化爲蛤。彼忽然忘曲屈之狀，而得蹣盤跚蘇于切。之質；此倏然失飛鳴之態，而得介甲之體。斲削不能加其功〔一〕，繩尺不能定其象〔二〕，何化之速也。且夫當空團塊，見塊而不見空；粉塊求空，見空而不見塊。形無妨而人自妨之，物無滯而人自滯之，悲哉！

校記

〔一〕「功」，元本作「巧」。

〔二〕「定」，説郛本作「規」。

老楓

老楓化爲羽人，朽麥化爲蝴蝶，自無情而之有情也。賢女化爲貞石，山蚯化爲百合，自有情而之無情也。是故土木金石，皆有情性精魄。虚無所不至，神無所不通，氣無所不同，形無所不類。孰爲彼，孰爲我？孰爲有識，孰爲無識？萬物，一物也；萬神，一神也，斯道之至矣。

耳目

目所不見，設明鏡而見之；耳所不聞，設虛器而聞之〔一〕。精神在我，視聽在彼。跰（部田切）趾可以割，陷吻可以補，則是耳目可以妄設，形容可以僞置。既假又假，既惑又惑。所以知魂魄魅我，血氣醉我，七竅囚我〔二〕，五根役我。惟神之有形，由形之有疣。苟無其疣，何所不可？

校記

〔一〕「器」，原作「氣」，據宋本、元本改。案：言「設虛器而聞之」，即用中虛之器以助聽力，猶守陣之士埋甕以聽掘隧攻城者。「虛氣」則無以設之。

〔二〕「囚」，道藏本作「因」。

環舞

作環舞者宮室皆轉，瞰迴流者頭目自旋〔一〕。非宮室之幻惑也，而人自惑之；非迴流之改變也，而人自變之。是故粉巾爲兔，藥石爲馬，而人不疑；甘言巧笑，圖臉畫眉〔二〕，而人不知。唯清静者，物不能欺。

校記

〔一〕「自」，宋本、説郛本作「皆」。
〔二〕「圖」，宋本、元本作「塗」。

鉛丹

術有火鍊鉛丹以代穀食者，其必然也。然歲豐則能飽，歲儉則能飢，是非丹之恩，蓋由人之誠也。則是我本不飢而自飢之，丹本不飽而自飽之〔一〕。飢者大妄〔二〕，飽者大幻，蓋不齊其道也。故人能一有無，一死生，一情性，一内外，則可以蜕五行、脱三光，何患乎一日百食，何慮乎百日一食〔三〕。

校記

〔一〕「丹」，宋本作「我」。

〔二〕「妄」，原作「忘」，據宋本、元本、道藏本改。

〔三〕「一食」宋本作「不食」。

形影

以一鏡照形，以餘鏡照影。鏡鏡相照，影影相傳，不變冠劍之狀，不奪黼黻之色。是形也與影無殊，是影也與形無異。乃知形以非實〔一〕，影以非虛，無實無虛，可與道俱。

校記

〔一〕「乃知形以非實」至「可與道俱」，宋本無。「形以」，元本作「形亦」。

蟄藏

物有善於蟄藏者，或可以禦大寒，或可以去大飢，或可以萬歲不死。以其心冥冥兮無所知，神怡怡兮無所之，氣熙熙兮無所爲。萬慮不能惑，求死不可得〔一〕。是以大人體物知身，體身知神，體神知真，是謂吉人之津。

校記

〔一〕「可」，元本作「能」。

梟雞

梟夜明而晝昏，雞晝明而夜昏〔一〕，其異同也如是。或謂梟爲異，則謂雞爲同；或謂雞爲異，則謂梟爲同。孰梟雞之異晝夜乎？晝夜之異梟雞乎？孰晝夜之同梟雞乎？梟雞之同晝夜乎？夫耳中磬，我自聞；目中花，我自見。我之晝夜，彼之晝夜，則是晝不得謂之明，夜不得謂之昏。能齊昏明者，其唯大人乎〔二〕！

校記

〔一〕「晝明」，說郛本作「晝鳴」。

〔二〕「唯」，原作「爲」，據宋本、元本、道藏本改。

四鏡

小人常有四鏡：一名璧〔一〕，一名珠，一名砥，一名盂。璧視者大，珠視者小，砥視者正，盂視者倒。觀彼之器，察我之形，由是無大小，無短長，無妍醜，無美惡〔二〕。所以知形氣諂我，精魄賊我，奸臣貴我，禮樂尊我。是故心不得爲之君〔三〕，王不得爲之主。戒之如火，防之如虎。純儉不可襲，清静不可侮〔四〕，然後可以跡容廣而躋三五〔五〕。

校記

〔一〕「璧」，原作「圭」，據宋本、元本改。下同。蓋圭之爲器，上尖下方，無鏡形；璧則圓中有孔，似合於「小人」之鏡形也。

〔二〕「美」，宋本、元本作「善」。

〔三〕「之」字原脱，據道藏本補。

〔四〕「静」，宋本作「净」。

〔五〕自「所以知形氣諂我」迄「可以跡容廣而躋三五」共六十一字，宋本、元本與巇譃「有懼菽醬……忘禍福」三十四字錯簡。

射虎

射似虎者，見虎而不見石；斬暴蛟者，見蛟而不見水。是知萬物可以虚，我身可以無。以我之無，合彼之虛，自然可以隱，可以顯，可以死，可以生而無所拘。夫空中之塵若飛雪，而目未嘗見；穴中之蟻若牛鬬，而耳未嘗聞，況非見聞者乎！

龍虎

龍化虎變，可以蹈虛空，虛空非無也；可以貫金石，金石非有也。有無相通，物我相同。其生非始，其死非終。知此道者，形不可得斃，神不可得逝。

游雲

游雲無質，故五色含焉；明鏡無瑕，故萬物象焉。謂水之含天也，必天之含水也〔一〕。夫百步之外，鏡則見人，人不見影〔二〕，斯爲驗也。是知太虛之中無所不有，萬耀之內無所不見〔三〕。而世人且知心仰寥廓，而不知跡處虛空。寥廓無所間，神明且不遠。是以君子常正其心，常儼其容，則可以游泳於寥廓，交友於神明而無咎也。

校記

〔一〕「之」字原脱，據宋本、元本、道藏本補。

〔二〕「影」，宋本作「鏡」。

〔三〕「耀」，原作「躍」，據宋本改。案：「耀」與下文「無所不見」意聯屬，明王一清化書新聲釋：「萬光之中，無所不明，無所不見也。」似能明其意。

噦嚥

有言臭腐之狀，則輒有所噦；聞珍羞之名，則妄有所嚥。臭腐了然虛，珍羞必然無，而噦不能止，嚥不能已。有懼菽醬若蝤蠐者，有愛鮑魚若鳳膏者。知此理者，可以齊奢儉，外榮辱，黜是非，忘禍福。

大化

虛化神，神化氣，氣化形，形化精，精化顧盼〔一〕，而顧盼化揖讓〔二〕，揖讓化陞降，陞降化尊卑，尊卑化分別，分別化冠冕，冠冕化車輅，車輅化宮室，宮室化掖衛，掖衛化燕享，燕享化奢蕩，奢蕩化聚斂，聚斂化欺罔，欺罔化刑戮，刑戮化悖亂，悖亂化甲兵，甲兵化爭奪，爭奪化敗亡。其來也勢不可遏，其去也力不可拔〔三〕。是以大人以道德游泳之，以仁義漁獵之，以刑禮籠罩之，蓋保其國家而護其富貴也。故道德有所不實，仁義有所不至，刑禮有所不足，是教民爲奸詐，使民爲淫邪，化民爲悖逆，驅民爲盜賊。上昏昏然不知其弊，下恍恍然不知其病，其何以救之哉！

校記

〔一〕「精」，宋本、元本作「情」。案：本書老楓篇中有云「土木金石，皆有性情精魄」者，則似此句用「精」或「情」皆可通。

〔二〕「而」字原脱，據元本補。

〔三〕「其去也力不可拔」，說郛本作「其也力不可援」。

正一

世人皆知莧菹可以剖龜，而不知朱草可以剖人〔一〕。小人由是知神可以分，氣可以泮，形可以散。散而爲萬，不謂之有餘；聚而爲一，不謂之不足〔二〕。若狂風飄髮，魂魄夢飛，屐齒斷蚓，首尾皆動。夫何故？太虛，一虛也；太神，一神也；太氣，一氣也；太形，一形也。命之則四，根之則一。守之不得，舍之不失，是謂正一。

校記

〔一〕兩「剖」字宋本、元本作「活」。案：抱朴子云：「朱草莖如珊瑚，剖之汁流如血，以玉投汁中，丸爲泥，久即成水。以金投之，名曰金漿；以玉投之，名曰玉醴。」又化書新聲曰：「天下之人皆知莧葅與鼈同食化爲羣鼈，而不知朱草與玉金同食則能分神變化而僊矣。」據此，似「剖」字合於原意。

〔二〕「之有餘」，原作「不足」，「之不足」原作「有餘」，據宋本、元本改。

天地

天地盜太虛生，人蟲盜天地生，蠐虰營丁盜人蟲生。蠐虰者，腸中之蟲也〔一〕，嘷搏我精氣，鑠灼我魂魄，盜我滋味，而有其生。有以見我之必死，所以知天之必頹〔二〕。天其頹乎，我將安有；我其死乎，蠐虰將安守？所謂奸臣盜國，國破則家亡；蠹蟲蝕木，木盡則蟲死〔三〕。是以大人録精氣，藏魂魄，薄滋味，禁嗜慾，外富貴。雖天地老而我不傾〔四〕，蠐虰死而我長生，奸臣去而國太平。

校記

〔一〕「腸」，宋本、元本、道藏本作「腹」。

〔二〕「天」，宋本、元本作「天地」。
〔三〕兩「則」字宋本、元本無。
〔四〕「雖」，宋本作「則」。

稚子

稚子弄影，不知爲影所弄；狂夫侮像，不知爲像所侮。化家者不知爲家所化，化國者不知爲國所化，化天下者不知爲天下所化。三皇，有道者也，不知其道化爲五帝之德。五帝，有德者也，不知其德化爲三王之仁義。三王，有仁義者也，不知其仁義化爲秦漢之戰爭。醉者負醉，疥者療疥，其勢彌顛，其病彌篤，而無反者也〔一〕。

校記

〔一〕「無反」，宋本、元本作「不返」。

陽燧

陽燧召火，方諸召水，感激之道，斯不遠矣。高視者强，低視者賊；斜視者狡，平視者仁；張視者怒，細視者佞〔一〕；遠視者智，近視者拙；外視者昏，內視者明。是故載我者身，用我者神，用神合真，可以長存。

校　記

〔一〕「佞」，宋本作「妄」。

死　生

虛化神，神化氣，氣化血，血化形，形化嬰，嬰化童，童化少，少化壯，壯化老，老化死。死復化爲虛，虛復化爲神，神復化爲氣，氣復化爲物。化化不間，由環之無窮。夫萬物非欲生，不得不生；萬物非欲死，不得不死。達此理者虛而乳之，神可以不化〔一〕，形可以不生。

校　記

〔一〕「化」，元本作「死」。

爪髮

爪髮者，我之形。何爪可割而無害，髮可截而無痛？蓋榮衛所不至也〔一〕。則是我本無害而筋骨爲之害，我本無痛而血肉爲之痛。所以知喜怒非我作，哀樂非我動，我爲形所昧，形爲我所愛。達此理者，可以出生死之外。

校記

〔一〕「也」，宋本作「爾」。

神道

太上者，虛無之神也；天地者，陰陽之神也；人蟲者，血肉之神也。其同者神，其異者形。是故形不靈而氣靈，語不靈而聲靈，覺不靈而夢靈，生不靈而死靈〔一〕。水至清而結冰不清，神至明而結形不明。冰泮返清，形散返明。能知真死者，可以游太上之京。

校記

〔一〕「靈」，宋本、元本作「虚」。

神交

牝牡之道，龜龜相顧，神交也；鶴鶴相唳，氣交也。蓋由情愛相接，所以神氣可交也。是故大人大其道以合天地，廓其心以符至真，融其氣以生萬物，和其神以接兆民。我心熙熙，民心怡怡。心怡怡兮不知其所思，形惚惚兮不知其所爲。若一氣之和合，若一神之混同，若一聲之哀樂，若一形之窮通。安用旌旗，安用金鼓，安用賞罰，安用行伍〔一〕？斯可以將天下之兵〔二〕，滅天下之敵。是謂神交之道也。

校記

〔一〕「行伍」，宋本、元本作「兵伍」。

〔二〕「天下之兵」，宋本、元本作「天威」。

大含

虛化神，神化氣，氣化形，形氣相乘而成聲。耳非聽聲也，而聲自投之；谷非應響也，而響自滿之。耳，小竅也；谷，大竅也。山澤，小谷也；天地，大谷也。一竅鳴，萬竅皆鳴；一谷聞，萬谷皆聞。聲導氣，氣導神，神導虛；虛含神，神含氣，氣含聲。聲氣形相導相含〔一〕，雖秋蚊之翾翾許緣切，蒼蠅之營營，無所不至也。由此知之，雖絲毫之慮，必有所察；雖啾嚓之言〔二〕，必有所聞。唯大人之機，天地莫能見，陰陽莫能知，鬼神莫能窺。夫何故？道德仁義之所爲。

校記

〔一〕「聲氣神」原脱，據宋本、元本補。

〔二〕「嚓」，宋本作「嗏」。

卷二 術化

雲龍

雲龍風虎，得神氣之道者也。神由母也，氣由子也，以神召氣，以母召子，孰敢不至也？夫蕩穢者，必召五帝之氣，苟召不至，穢何以蕩？伏虺者，必役五星之精，苟役不至，虺何以伏？小人由是知陰陽可以作，風雲可以會，山陵可以拔，江海可以覆〔一〕。然召之於外〔二〕，不如守之於內，然後用之於外，則無所不可〔三〕。

校記

〔一〕「覆」，原作「發」，據元本改。
〔二〕「召」，原作「用」，據宋本、元本改。
〔三〕「無」，宋本、元本作「奚」。

猛虎

猛虎行，草木偃；毒鴆怒，土石揭〔一〕。威之所爍〔二〕，氣之所搏，頑嚚爲之作。小人由是知鋏可使之飛，山河可使之移〔三〕，萬物可使之相隨。夫神全則威大，精全則氣雄。萬惑不能溺，萬物可以役。是故一人所以能敵萬人者，非弓刀之技，蓋威之至也；一人所以能悦萬人者，非言笑之惠，蓋和之至也。

校記

〔一〕「揭」，宋本、元本作「烈」。
〔二〕「威之所爍」，宋本作「蓋威之所爍」。
〔三〕「山河」，宋本作「山」。

用神〔一〕

蟲之無足：蛇能屈曲，蛭能掬蹙，蝸牛能蓄縮。小人所以見其機，由是得其師，可以坐致萬里而不馳。是故足行者有所不達〔二〕，翼飛者有所不至，目視者有所不見，耳聽者有所不聞。夫何故？彼知形而不知神，此知神而不知形。以形用神則亡，以神用形則康。

校　記

〔一〕「用神」，宋本、元本作「神用」。

〔二〕「是故」，宋本、元本作「是以」。

水　竇

水竇可以下溺，杵糠可以療噎。斯物也，始製於人，又復用於人。法本無祖，術本無狀，師之於心，得之於象。陽爲陰所伏〔一〕，男爲女所制，剛爲柔所剋，智爲愚所得。以是用之，則鐘鼓可使之啞，車轂可使之鬬，妻子可使之改易，君臣可使之離合。萬物本虛，萬法本無，得虛無之竅者，知法術之要乎！

校　記

〔一〕「陽爲陰所伏」，原本作「陰爲陽所伏」，據宋本、元本、道藏本改。

魍魎

魍魎附巫祭一本作癸言禍福事，每來則飲食言語皆神，每去則飲食言語皆人。不知魍魎之附巫祭也，不知巫祭之附魍魎也。小人由是知心可以交，氣可以易，神可以奪，魄可以録。形爲神之宫，神爲形之容。以是論之，何所不可？

虚無

鬼之神可以禦，龍之變可以役，蛇虺可以不能螫，戈矛可以不能擊。唯無心者火不能燒，水不能溺，兵刃不能加，天命不能死。其何故？志於樂者猶忘飢〔一〕，志於憂者猶忘痛，志於虚無者可以忘生死〔二〕。

校記

〔一〕「飢」，道藏本作「餓」。

〔二〕「忘生死」，宋本作「忘生死也」。

虚實

方咫之木置於地之上，使人蹈之而有餘。方尺之木置於竿之端，使人踞之而不足。非物有小大，蓋心有虚實。是故冒大暑而撓者愈熱，受炙灼而懼者愈痛。人無常心，物無常性。小人由是知水可使不濕，火可使不燥。

狐狸

狐狸之怪，雀鼠之魅，不能幻明鏡之鑑者，明鏡無心之故也。是以虚空無心而無所不知〔一〕，昊天無心而萬象自馳，行師無狀而敵不敢欺，大人無慮而元精自歸。能師於無者，無所不之。

校記

〔一〕「是以」，道藏本、説郛本作「是故」。「虚空」，元本作「空虚」。

轉舟

轉萬斛之舟者，由一尋之木；發千鈞之弩者，由一寸之機。一目可以觀大天，一人可以君兆民。太虛茫茫而有涯〔一〕，太上浩浩而有象〔二〕。得天地之綱，知陰陽之房，見精神之藏，則數可以奪，命可以活，天地可以反覆。

校記

〔一〕「有涯」，元本作「無涯」。

〔二〕「象」，原作「家」，據宋本改。

心變

至淫者化爲婦人，至暴者化爲猛虎，心之所變，不得不變。是故樂者其形和，喜者其形逸，怒者其形剛，憂者其形慼〔一〕。斯亦變化之道也〔二〕。小人由是知顧六尺之軀，可以爲龍蛇，可以爲金石，可以爲艸木。大哉斯言〔三〕！

校記

〔一〕「慼」，説郛本作「蹙」。

〔二〕「亦」，宋本無。

〔三〕「言」下宋本有「也」字。

珠玉

悲則雨淚，辛則雨涕；憤則結癭，怒則結疽。心之所慾，氣之所屬，無所不育。邪苟爲此，正必爲彼。是以大人節悲辛，誡憤怒；得灝氣之門，所以收其根；知元神之囊，所以韜其光〔一〕；若蚌内守，若石内藏，所以爲珠玉之房。

校記

〔一〕説郛本「囊」作「含」，「韜」作「收」。

蠮螉

夫蠮螉之蟲，孕螟蛉之子，傳其情，交其精，混其氣，和其神。隨物大小，俱得其真。蠢動無定情，萬物無定形。小人由是知馬可使之飛，魚可使之馳，土木偶可使之有知，嬰兒似乳母，斯道不遠矣。

胡夫

胡夫而越婦，其子髯面而矬昨禾切。足；蠻夫而羌婦，其子抝鼻而昂首〔一〕。梨接桃而本强者其實毛，梅接杏而本强者其實甘。以陰孕陽，以柔孕剛，以曲孕直，以短孕長，以大孕小，以圓孕方，以水孕火，以丹孕黃。小人由是知可以爲金石，可以爲珠玉，可以爲異類，可以爲怪狀，造化之道也〔二〕。

校記

〔一〕「抝」，宋本作「構」。

〔二〕「造化之道也」，宋本、元本作「斯達造化之道也」。

陰陽

陰陽相搏〔一〕，不根而生芝菌；燥濕相育，不母而生蝤蠐。是故世人體陰陽而根之，斆燥濕而母之，無不濟者。小人由是知陶鍊五行，火之道也；流行無窮，水之道也；八卦環轉，天地之道也；神物乃生，變化之道也。是以君子體物而知身，體身而知道。夫大人之道幽且微，則不知其孰是孰非。

校記

〔一〕「搏」，宋本作「薄」。

海魚

海魚有以蝦爲目者，人皆笑之。殊不知古人以囊螢爲燈者，又不知晝非日之光則不能馳，夜非燭之明則有所欺。觀傀儡之假而不自疑，嗟朋友之逝而不自悲，賢與愚莫知，唯抱純白、養太玄者，不入其機。

磵松

磵松所以能凌霜者，藏正氣也；美玉所以能犯火者，蓄至精也。是以大人晝運靈旗，夜録神芝〔一〕，覺所不覺，思所不思，可以冬禦風而不寒，夏禦火而不熱。故君子藏正氣者，可以遠鬼神、伏姦佞；蓄至精者，可以福生靈、保富壽。夫何爲〔二〕？多少之故也。

校記

〔一〕「靈旗」，宋本、元本作「生靈」。「神芝」，宋本、元本作「神鬼」。

〔二〕「夫何爲」，宋本、元本作「夫何爲哉」。

動靜

動靜相磨，所以化火也；燥濕相蒸，所以化水也；水火相勃，所以化雲也；湯盎投井，所以化雹也；飲水雨日，所以化虹霓也〔一〕。小人由是知陰陽可以召，五行可以役，天地可以別構〔二〕，日月可以我作。有聞是言者〔三〕，必將以爲誕。夫民之形也，頭圓而足方，上動而下靜，五行運於內〔四〕，二曜明於外。斯亦別構之道也。

校記

〔一〕「雹」，宋本作「雷」。「雨」，宋本作「向」。案：化書新聲曰：「以湯盎投井中，冷熱相搏而生雹珠。」較合原意。又「向日」不如「雨日」義切。

〔二〕「天地」，宋本、元本作「天地鬼神」。

〔三〕「有聞」，宋本、元本作「民有聞」。

〔四〕「運」，宋本、元本作「帝」。

聲氣

操琴瑟之音，則翛然而閑；奏鄭衛之音，則樂然而逸；碎瓴甓之音〔一〕，則背膂凜森上聲；撾鼓鼙之音，則鴻毛躑躅，其感激之道也如是。以其和也，召陽氣，化融風，生萬物也。其不和也，作陰氣，化厲風，辱萬物也。氣由聲也，聲由氣也，氣動則聲發，聲發則氣振，氣振則風行而萬物變化也〔二〕。是以風雲可以命〔三〕，霜雹可以致，鳳凰可以歌，熊羆可以舞，神明可以友，用樂之術也甚大。

校記

〔一〕「碎」，原作「解」，據宋本、元本改。

〔二〕「化」下宋本、元本無「也」字。

〔三〕「命」，宋本、元本作「會」。

大同

虛含虛，神含神，氣含氣，明含明，物含物。達此理者，情可以通，形可以同。同於火者化爲火，同於水者化爲水，同於日月者化爲日月，同於金石者化爲金石。唯大人無所不同，無所不化，足可以與虛皇並駕。

帝師

鏡非求鑒於物，而物自投之；槖非求飽於氣，而氣自實之。是故鼻以虛受臭〔一〕，耳以虛受聲，目以虛受色，舌以虛受味。所以心同幽冥，則物無不受；神同虛無，則事無不知〔二〕。是以大人奪其機，藏其微，羽符至怪，陰液甚奇「液」一作「陽」，可以守國，可以救時，可以坐爲帝王之師。

校記

〔一〕「臭」，元本作「香」。

〔二〕「事」，元本作「物」。

琥珀

琥珀不能呼腐芥，丹砂不能入燋金，磁石不能取憊鐵，元氣不能發陶爐。所以大人善用五行之精，善奪萬物之靈，食天人之禄，駕風馬一作「鳳」之榮。其道也在忘其形而求其情。

卷三　德化

五常

儒有講五常之道者，分之爲五事，屬之爲五行，散之爲五色，化之爲五聲，俯之爲五嶽，仰之爲五星，物之爲五金，族之爲五靈，配之爲五味，感之爲五情。所以聽之者若醯雞之遊太虛，如井蛙之浮滄溟，莫見其鴻濛之涯，莫測其浩渺之程。日暮途遠，無不倒行。殊不知五常之道一也〔一〕，忘其名則得其理，忘其理則得其情。然後牧之以清静〔二〕，棲之以杳冥，使混我神氣，符我心靈。若水投水，不分其清；若火投火，不間其明。是謂奪五行之英，盜五常之精。聚之則一芥可包，散之則萬機齊亨。其用事也，如酌醴以投器，其應物也，如懸鏡以鑒形。於是乎變之爲萬象，化之爲萬生，通之爲陰陽，虚之爲神明。所以運帝王之籌策，代天地之權衡，則仲尼其人也。

校記

〔一〕「常」，宋本、元本作「行」。

〔二〕「牧」，宋本、元本作「沐」。「静」，宋本作「净」。

飛蛾

天下賢愚，營營然若飛蛾之投夜燭，蒼蠅之觸曉窻。知往而不知返，知進而不知退。而但知避害而就利，不知聚利而就害。夫賢於人而不賢於身，何賢之謂也？博於物而不博於己，何博之謂也？是以大人利害俱忘，何往不臧？

異心

虎踞於林，蛇遊於澤，非鴟鳶之讐；鴟鳶從而號之，以其蓄異心之故也。牛牧於田，豕眠於圃，非烏鵲之馭；烏鵲從而乘之，以其無異心之故也。是故麟有利角，衆獸不伏；鳳有利觜，衆鳥不賓；君有奇智，天下不臣。善馳者終於蹶，善鬭者終於敗。有數則終，有智則窮。巧者爲不巧者所使，詐者爲不詐者所理。

弓矢〔一〕

天子作弓矢以威天下，天下盜弓矢以侮天子。君子作禮樂以防小人，小人盜禮樂以僭君子。有國者好聚斂，蓄粟帛、具甲兵以禦賊盜，賊盜擅甲兵〔二〕、踞一作「據」粟帛以奪其國。或曰：「安危，德也。」又曰：「興亡，數也。」苟德可以恃，何必廣粟帛乎？苟數可以憑，何必廣甲兵乎？

校記

〔一〕「弓矢」，宋本作「天子」。

〔二〕「賊盜」，宋本、元本二字互乙。

聰明

無所不能者，有大不能；無所不知者，有大不知。夫忘弓矢然後知射之道，忘策轡然後知馭之道，忘弦匏然後知樂之道，忘智慮然後知大人之道。是以天下之主，道德出於人；理國之主，仁義出於人；亡國之主，聰明出於人〔一〕。

校記

〔一〕「人」，宋本、元本作「己」。

有國

有國之禮，享郊廟，敬鬼神也；亹亹一作尾龜策〔一〕，占吉凶也。敬鬼神，信禍福之職也；占吉凶，信興亡之數也。柰何有大不信，窮民之力以爲城郭，奪民之食以爲儲蓄？是福可以力取，是禍可以力敵；是疑貳於鬼神〔二〕，是欺惑於龜策，是不信於天下之人〔三〕。斯道也，賞不足勸，罰不足懼，國不足守。

校記

〔一〕「亹」，宋本作「釁」。

〔二〕「貳」，宋本作「二」。

〔三〕「是欺惑於龜策，是不信於天下之人」，宋本作「是疑惑龜策，是不信于天下之人」。

黄雀

黄雀之爲物也，日遊於庭，日親於人而常畏人〔一〕，而人常撓之。玄鳥之爲物也，時遊於户，時親於人而不畏人，而人不撓之。彼行促促，此行佯佯〔二〕；彼鳴啾啾，此鳴鏘鏘；彼視矍矍，此視汪汪；彼心戚戚，此心堂堂。是故疑人者爲人所疑，防人者爲人所防。君子之道〔三〕，仁與義、中與正，何憂何害〔四〕！

校記

〔一〕「畏人」，原作「畏之」，據元本改。

〔二〕「佯佯」，宋本、元本作「洋洋」。

〔三〕「君子之道」上，宋本有「夫」字。

〔四〕「中」，宋本作「忠」。

籠猿

籠中之猿，踴躍萬變不能出於籠；匣中之虎，狂怒萬變不能出於匣；小人之機，智慮萬變不能出於大人之道。夫大人之道，如地之負，如天之垂〔一〕。無日不怨，無人不欺，怨不我怒，欺不我夷，然後萬物知其所歸。

校記

〔一〕「如地之負，如天之垂」，宋本、元本作「如天之垂，如地之負」。

常道

仁義者常行之道，行之不得其術，以至於亡國。忠信者常用之道，用之不得其術〔一〕，以至於獲罪。廉潔者常守之道，守之不得其術，以至於暴民。財辯者常御之道，御之不得其術，以至於罹禍。蓋拙在用於人，巧在用於身。使民親稼則怨，誡民輕食則怒。夫餌者魚之嗜，羶者蟻之慕，以餌投魚魚必懼，以羶投蟻蟻必去，由不得化之道〔二〕。

校記

〔一〕「用之」，宋本作「用之者」。

〔二〕「由不得化之道」，宋本作「由不得化之道也」。「化」，元本作「事」。

感喜

感父之慈，非孝也；喜君之寵，非忠也。感始於不感，喜始於不喜。多感必多怨，多喜必多怒。感喜在心，由物之有毒，由蓬之藏火，不可不慮。是以君子之業，爵之不貴，禮之不大，親之不知，疎之不疑，辱之不得，何感喜之有。

太醫

太醫之道，脉和而實者爲君子，生之道也；撓而浮者爲小人，死之道也。太卜之道，策平而慢者爲君子，吉之道也；曲而利者爲小人，凶之道也。以是論之，天下之理一也。是故觀其國，則知其臣；觀其臣，則知其君；觀其君，則知其興亡。臣可以擇君而仕，君可以擇臣而任〔一〕。夫揖讓可作而躁静不可作，衣冠可詐而形器不可詐〔二〕，言語可文而聲音不可文〔三〕。

校記

〔一〕兩「以」字，宋本無。

〔二〕「器」，元本作「氣」。

〔三〕「聲音」，宋本互乙。

讒語

藏於人者謂之機，奇於人者謂之謀。殊不知道德之機，衆人所知；仁義之謀，衆人所無〔一〕。是故有賞罰之教則邪道進，有親疎之分則小人入。夫棄金於市〔二〕，盜不敢取；詢政於朝，讒不敢語，天下之至公也。

校記

〔一〕「無」，元本作「由」。

〔二〕「夫」，宋本無。

刻畫

畫者不敢易於圖象〔一〕，苟易之，必有咎。刻者不敢侮於本偶，苟侮之，必貽禍。始製作於我，又要敬於我〔二〕，又寘禍於我。是故張機者用於機〔三〕，設險者死於險，建功者辱於功，立法者罹於法。動一竅則百竅相會，舉一事則萬事有害〔四〕。所以機貴乎明，險貴乎平，功貴乎無狀，法貴乎無象。能出刻畫者，可以名之爲大象〔五〕。

校記

〔一〕「於」，宋本作「其」。
〔二〕「又要敬於我」，宋本作「而要敬於我」。
〔三〕「用」，宋本、元本作「因」。
〔四〕「萬」，宋本作「百」。
〔五〕「象」，宋本、元本作「匠」。

酒醴

夫酒醴者，迫之飲愈不飲，恕之飲愈欲飲〔一〕。是故抑人者人抑之，容人者人容之；貸其死者樂其死，貸其輸者樂其輸。所以民盜君之德〔二〕，君盜民之力。能知反覆之道者，可以居兆民之職。

校記

〔一〕「恕」，宋本、元本作「怒」。

〔二〕「盜」，原作「道」，據宋本、元本、道藏本改。

恩賞

侯者人所貴，金者人所重，衆人封公而得侯者不美，衆人分玉而得金者不樂。是故賞不可妄行，恩不可妄施。其當也由爲爭奪之漸，其不當也即爲亂亡之基。故我自卑則賞不能大，我自儉則恩不得奇。歷觀亂亡之史〔一〕，皆驕侈恩賞之所以爲也。

校記

〔一〕「亡」，宋本作「世」。「史」，宋本作「吏」。

養民

民不怨火而怨使之禁火，民不怨盜而怨使之防盜。是故濟民不如不濟，愛民不如不愛。天有雨露，所以招其怨；神受禱祝〔一〕，所以招其謗。夫禁民火不如禁心火，防人盗不如防我盗，其養民也如是〔二〕。

校記

〔一〕「受」，宋本作「有」。「祝」，元本作「祈」。

〔二〕「也」，宋本、元本作「者」。

卷四　仁化

得一

曠然無爲之謂道，道能自守之謂德，德生萬物之謂仁，仁救安危之謂義，義有去就之謂禮，禮有變通之謂智，智有誠實之謂信，通而用之之謂聖。道，虚無也，無以自守，故授之以德。德，清静也〔一〕，無以自用，故授之以仁。仁用而萬物生，萬物生必有安危，故授之以義。義濟安拔危〔二〕，必有臧否，故授之以禮。禮秉規持範，必有疑滯，故授之以智。智通則多變，故授之以信。信者，成萬物之道也。

校記

〔一〕「静」，宋本作「净」。

〔二〕「拔」，宋本、元本作「救」。

五行

道德者，天地也。五常者，五行也。仁，發生之謂也，故均於木。義，救難之謂也，故均於金。禮，明白之謂也，故均於火。智，變通之謂也，故均於水。信，慤然之謂也，故均於土〔一〕。仁不足則義濟之，金伐木也。義不足則禮濟之，火伐金也。禮不足則智濟之，水伐火也。智不足則信濟之，土伐水也。始則五常相濟之業，終則五常相伐之道，斯大化之往也〔二〕。

校記

〔一〕「均」，宋本、元本、道藏本皆作「君」。案：「均」作平遍解，又可釋爲易，「君」則有主宰之意。今上文言「五常者，五行也」，又卷三五常篇有「儒有講五常之道者，分之爲五事，屬之爲五行」云云，似五常與五行平行分屬，意以「均」字意順。

〔二〕「終則五常相伐之常」，元本作「終則五行相伐之道」。「往」，元本作「道」。

畋漁

夫禽獸之於人也何異？有巢穴之居，有夫婦之配，有父子之性，有死生之情。烏反哺，仁也；隼惘胎，義也；蜂有君，禮也；羊跪乳，智也；雉不再接，信也。孰究其道？萬物之中，五常百行無所不有也，而教之爲網罟，使之務畋漁。且夫焚其巢穴，非仁也；奪其親愛，非義也；以斯爲享，非禮也；教民殘暴，非智也；使萬物懷疑，非信也。夫羶臭之慾不止，殺害之機不已。羽毛雖無言，必狀我爲貪狼之與封豕；鱗介雖無知，必名我爲長鯨之與巨虺也〔一〕。胡爲自安，焉得不耻〔二〕？吁！直疑自古無君子。

校記

〔一〕「名」，宋本作「狀」。元本「虺」下無「也」字。

〔二〕「爲」，宋本作「能」。「不」，宋本作「能」。

犧牲

犧牲之享，羔鴈之薦，古之禮也。且古之君子，非不知情之憂喜、聲之哀樂能動天地、能感鬼神。刀杌前列，則憂喜之情可知矣；鷹犬齊至，則哀樂之聲可知矣〔一〕。以是祭天地，以是禱神明，天地必不享〔二〕，苟享之必有咎；神明必不歆，苟歆之必有悔。所以知神龍見，喪風雲之象也；鳳凰來，失尊戴之象也；麒麟出，亡國土之象也。觀我之義，禽必不義也；以彼爲祥，禽必不祥也〔三〕。

校記

〔一〕「知矣」，宋本作「知之也」。

〔二〕「天地必不享」，原作「天地不必享」，據各本乙正。

〔三〕「必不」，説郛本作「不必」。

太和

非兔狡，獵狡也；非民詐，吏詐也。慎勿怨盜賊，盜賊惟我召；慎勿怨叛亂，叛亂禀我教。不有和睦〔一〕，焉得仇讐；不有賞勸〔二〕，焉得鬬争。是以大人無親無疏，無愛無惡，是謂太和。

校記

〔一〕「睦」，原作「睡」，據各本改。

〔二〕「得」，宋本作「有」。「勸」，宋本作「罰」。

墨魚〔一〕

海魚有吐墨水上庇其身而游者，人因墨而漁之〔二〕。夫智者多屈，辯者多辱，明者多蔽，勇者多死。扃鐍固，賊盜喜；忌諱嚴，敵國幸。禁可以越者，號也；兵可以奪者，符也。蜀敗於山，晉敗於馬。夫大人之機，道德仁義而已矣〔三〕。

校記

〔一〕「墨魚」，原作「海魚」，據宋本改。卷二已有一篇名海魚，此應不重複。

〔二〕兩「墨」字原作「黑」，據宋本、元本改。

〔三〕「矣」字，宋本、元本無。

神弓

譽人者人譽之，謗人者人謗之，是以君子能罪己，斯罪人也；不報怨，斯報怨也。所謂神弓鬼矢，不張而發，不注而中。天得之以假人，人得之以假天下。

救物

救物而稱義者，人不義之；行惠而求報者，人不報之。民之情也，讓之則多，争之則少；就之則去，避之則來；與之則輕，惜之則奪。是故大義無狀，大恩無象。大義成，不知者荷之；大恩就，不識者報之。

書道

心不疑乎手，手不疑乎筆，忘手筆，然後知書之道。和暢，非巧也；淳古，非朴也；柔弱，非美也；强梁，非勇也。神之所浴，氣之所沐。是故點策蓄血氣，顧盼含情性。無筆墨之跡，無機智之狀；無剛柔之容，無馳騁之象〔一〕。若皇帝之道熙熙然〔二〕，君子之風穆穆然。是故觀之者，其心樂其神和，其氣融，其政太平，其道無朕。夫何故？見山思静，見水思動，見雲思變，見石思貞，人之常也。

校　記

〔一〕「騁」，原本作「騖」，據宋本、説郛本改。

〔二〕「皇」，説郛本作「黄」。

鳳鵰〔一〕

鳳不知美，鵰不知惡〔二〕，陶唐氏不知聖，有苗氏不知暴。使陶唐氏恃其聖，非聖也；有苗氏知其暴，不暴也〔三〕。衆人皆能寫人之形〔四〕，而不能寫己之形；皆能求人之惡，而不能求己之惡；皆能知人之禍，而不能知己之禍。是以大人聽我聲，察我色，候我形，伺我氣，然後知人之情僞。

校記

〔一〕「鳳鵰」，宋本作「鳳鴞」。

〔二〕「鵰」，宋本作「鴞」。

〔三〕「不」，原作「非」，據宋本、元本改。

〔四〕「能」，宋本作「知」。

知人〔一〕

觀其文章，則知其人之貴賤焉；觀其書篆，則知其人之情性焉；聞其琴瑟，則知其人之道德焉；聞其教令，則知其人之吉凶焉。小人由是知唐堯之容淳淳然〔二〕，虞舜之容熙熙然，伯禹之容蕩蕩然，殷湯之容堂堂然，文王之容巍巍然，武王之容諤諤然，仲尼之容皇皇然。則天下之人，可以自知其愚與賢。

校記

〔一〕「知」，宋本、元本作「鑒」。案：下行正文仍爲「知人」，似原刊是。

〔二〕「小人由是」，宋本作「由是小人」。

螻蟻

螻蟻之有君也，一拳之宫，與衆處之；一塊之臺，與衆臨之；一粒之食，與衆蓄之；一蟲之肉，與衆咂之；一罪之疑〔一〕，與衆戮之。故得心相通而後神相通，神相通而後氣相通，氣相通而後形相通。故我病則衆病，我痛則衆痛，怨何由起，叛何由始？斯太古之化也。

校記

〔一〕「之」，原作「無」，據宋本改。

歌舞

能歌者不能者聽之，能舞者不能者觀之，巧者不巧者辨之〔一〕，賢者不賢者任之。夫養木者必將伐之，待士者必將死之。網之以冠冕，釣之以爵禄。若馬駕車輅，貴不我得；毚食糟糠，肥不我有。是以大人道不虚貴，德不虚守，貧有所倚，進有所恃，退者非樂寒賤而甘委棄。

校記

〔一〕「辨」，宋本、元本、説郛本作「辯」。

躑躅

躑躅之酒，烏喙之脯，莨菪浪蕩之膏，冶葛之乳。初噉之若芥，再噉之若黍，復噉之若丸，又噉之若脯。小人由是知彊弩可以漸引，巨鼎可以漸舉，水火可以漸習，虎兕可以漸侶。逆者我所化，辱者我所與，不應者我所命，不臣者我所取。所以信柔馬不可馭，漸賊不可禦。得之以爲萬化之母。

止鬬

止人之鬬者使其鬬，抑人之忿者使其忿；善救鬬者預其鬬，善解忿者濟其忿。是故心不可伏，而伏之愈亂；民不可理，而理之愈怨。水易動而自清，民易變而自平。其道也在不逆萬物之情。

象符

術有降萬物之蘊毒者〔一〕，則交臂鈎指，象之爲符〔二〕。是故若夭矯之勢者鱗之符，若飛騰之勢者羽之符，若偃蹇之勢者毛之符，若拳跼之勢者介之符。所以知拱折者人之符。夫拱手者，人必拱之；折腰者，人必折之，禮之本也。而疏之爲萬象〔三〕，别之爲萬態。教之蹈舞，非蹈舞也；使之禱祝〔四〕，非禱祝也。我既寡實，彼亦多虛。而責人之無情，固無情也；而罪禮之無驗，固無驗也。

校記

〔一〕「毒者」，宋本作「者毒」。

〔二〕「鈎」，宋本、元本作「勾」。「象之爲符」，宋本、元本作「象之符」。

〔三〕「象」，原作「物」，據宋本、元本、説郛本改。案：下文曰「萬態」，似「象」義優。

〔四〕「禱祝」下宋本有「者」字。

善惡

爲惡者畏人識，必有識者；爲善者欲人知，必有不知者〔一〕。是故人不識者，謂之大惡；人不知者，謂之至善。好行惠者恩不廣，務奇特者功不大〔二〕，善博奕者智不遠，文綺麗者名不久。是以君子惟道是貴，惟德自守〔三〕，所以能萬世不朽。

校記

〔一〕「必有識者」，宋本、元本作「人必識」。「必有不知者」，宋本、元本作「人必不知」。

〔二〕「特」，宋本、元本作「物」。

〔三〕「自」，宋本、元本作「是」。

卷五　食化

七　奪

一日不食則憊，二日不食則病，三日不食則死。民事之急，無甚於食，而王者奪其一，卿士奪其一〔一〕，兵吏奪其一，戰伐奪其一，工藝奪其一，商賈奪其一，道釋之族奪其一〔二〕，稔亦奪其一，儉亦奪其一。所以蠶告終而繰葛苧之衣〔三〕，稼云畢而飯橡櫟之實。王者之刑理不平，斯不平之甚也；大人之道救不義〔四〕，斯不義之甚也。而行切切之仁，用慼慼之禮，其何以謝之哉！

校記

〔一〕「卿」，原作「鄉」，據各本改。

〔二〕「道釋之族」，宋本、元本作「釋老」。

〔三〕「苧」，原作「宁」，據道藏本、説郛本改。「苧」，宋本、元本作「藟」。

〔四〕「救」，明本作「教」。

巫像

爲巫者鬼必附之，設像者神必主之，蓋樂所饗也。戎羯之禮，事母而不事父；禽獸之情，隨母而不隨父；凡人之痛，呼母而不呼父，蓋乳哺之教也。虎狼不過於嗜肉，蛟龍不過於嗜血，而人無所不嗜。所以不足則鬭〔一〕，不與則叛，鼓天下之怨，激烈士之忿。食之道非細也。

校記

〔一〕「所以不足則鬭」，宋本作「無所不噬，所以不足則鬭」。

養馬

養馬者主，而牧之者親；養子者母，而乳之者親。君臣非所比，而比之者祿也；子母非所愛，而愛之者哺也。駑馬本無知，嬰兒本無機，而知由此始，機由此起。所以有愛惡，所以有彼此，所以稔鬭争而蓄姦詭。

絲綸

王取其絲，吏取其綸；王取其綸，吏取其紼。取之不已，至於欺罔；欺罔不已，至於鞭撻；鞭撻不已，至於盗竊；盗竊不已，至於殺害；殺害不已，至於刑戮。欺罔非民愛，而裒斂者教之〔一〕，殺害非民願，而鞭撻者訓之。且夫火將逼而投於水，知必不免，且貴其緩；虎將噬而投於谷，知必不可，或覬其生。以斯爲類，悲哉！

校記

〔一〕「裒」，説郛本作「聚」。

奢僭

夫君子不肯告人以飢，耻之甚也。又不肯矜人以飽，愧之甚也。既起人之耻愧，必激人之怨咎，食之害也如是。而金籩玉笠，食之飾也；鼓鐘戛石，食之遊也；張組設繡，食之惑也；窮禽竭獸，食之暴也；滋味厚薄，食之忿也；貴賤精麤，食之争也。慾之愈不止，求之愈不已，貧食愈不足，富食愈不美。所以奢僭由兹而起，戰伐由兹而始。能均其食者，天下可以治。

膰骨

嚼膰骨者，燋脣爛舌不以爲痛；飲醇酎者，噦腸嘔胃不以爲苦。饞嗜者由忘於痛苦〔一〕，飢窘者必輕於性命〔二〕。痛苦可忘，無所不欺；性命可輕〔三〕，無所不爲。是以主者以我慾求人之慾〔四〕，以我飢求人之飢。我怒民必怒，我怨民必怨。能知其道者，天下胡爲乎叛〔五〕？

校記

〔一〕「由」，説郛本作「其」。
〔二〕「輕於」，宋本作「輕其」。
〔三〕「輕」，宋本作「欺」。
〔四〕「主」，道藏本作「王」。
〔五〕「叛」下宋本、元本有「矣」字。

食迷

民有嗜食而飽死者，有婪食而鯁死者，有感食而義死者，有辱食而憤死者，有争食而鬬死者，人或笑之。殊不知官所以務禄，禄所以務食；賈所以務財，財所以務食。而官以矯佞讒讟而律死者，賈以波濤江海而溺死者，而不知所務之端，不知得死之由，而遷怨於輩流，歸咎於江海，食之迷也。

戰欲

食之欲也，思鹽梅之狀，則輒有所咽而不能禁〔一〕；見盤餚之盛，則若有所吞而不能遏。飢思噉牛，渴思飲海。故慾之於人也如賊，人之於慾也如戰〔二〕。當戰之際，錦繡珠玉不足爲富，冠冕旌旗不足爲貴，金石絲竹不聞其音，宫室臺榭不見其麗。況民腹常餒，民情常迫，而諭以仁義，其可信乎？講以刑政，其可畏乎？

校記

〔一〕「咽」，原本作「吐」，據宋本、元本改。

〔三〕「戰」，宋本作「陣」。

膠竿

執膠竿捕黄雀，黄雀從而噪之；捧盤飱享烏鳥，烏鳥從而告之〔一〕。是知至暴者無所不異，至食者無所不同〔二〕。故蛇豕可以友而羣，虎兕可以狎而馴，四夷可以率而賓。異族猶若此，況復人之人〔三〕。

校記

〔一〕「烏」，元本作「鳶」。

〔二〕「食」，元本作「異」。

〔三〕「之人」下宋本、元本有「乎」字。

庚辛〔一〕

庚氏穴池，構竹爲凭檻，登之者其聲「策策」焉。辛氏穴池，構木爲凭檻，登之者其聲「堂堂」焉。二氏俱牧魚於池中，每凭檻投餌，魚必踴躍而出。他日但聞「策策」「堂堂」之聲，不投餌亦踴躍而出。則是庚氏之魚可名「策策」，辛氏之魚可名「堂堂」，食之化也。

校　記

〔一〕「庚辛」，宋本作「庚辛氏」。

興亡

瘡者人之痛，火者人之急，而民喻飢謂之瘡〔一〕，比餓謂之火，蓋情有所切也〔二〕。夫鮑魚與腐屍無異，鱁鮧與足垢無殊，而人常食之。飽猶若是，飢則可知。苟其飢也，無所不食，苟其迫也，無所不爲。斯所以爲興亡之機。

校　記

〔一〕「喻」，原作「喰」，據宋本、元本、道藏本改。

〔二〕「有」，宋本、元本作「之」。

雀鼠

人所以惡雀鼠者，謂其有斁竊之行；雀鼠所以疑人者，謂其懷盜賊之心。夫上以食而辱下，下以食而欺上，上不得不惡下，下不得不疑上，各有所切也。夫剜其肌、啖其肉，不得不哭；扼其喉、奪其哺，不得不怒。民之瘠也由剜其肌，民之餒也由奪其哺。嗚呼，惜哉！

無爲

牛可使之駕，馬可使之負，犬可使之守，鷹可使之擊，蓋食有所感也。獮猴可使之舞，鸚鵡可使之語，鴟鳶可使之死鬬，螻蟻可使之合戰，蓋食有所教也。魚可使之吞鈎，虎可使之入陷，鴈可使之觸綱，敵國可使之自援〔一〕，蓋食有所利也。天地可使之交泰，神明可使之掖衛，高尚可使之屈折，夷狄可使之委伏，蓋食有所奉也。故自天子至於庶人，暨乎萬族，皆可以食而通之。我服布素則民自暖，我食葵藿則民自飽。善用其道者，可以肩無爲之化。

校記

〔一〕「援」，宋本、元本作「拔」。

王者

獵食者母，分乳者子。全生者子，觸網者母。母不知子之所累，子不知母之所苦。王者衣纓之費、盤餚之直，歲不過乎百萬，而封人之土地，與人之富貴，百萬之百萬。如咂王之肌，如飲王之血。樂在於下，怨在於上，利歸於衆，咎歸於王。夫不自貴，天下安敢貴；不自富，天下安敢富？

鵰鳶

有智者憫鵰鳶之擊腐鼠，嗟螻蟻之駕斃蟲，謂其爲蟲不若爲人。殊不知當歉歲則爭臭斃之屍，值嚴圍則食父子之肉。斯豺狼之所不忍爲〔一〕，而人爲之，則其爲人不若爲蟲。是知君無食必不仁，臣無食必不義，士無食必不禮，民無食必不智，萬類無食必不信。是以食爲五常之本〔二〕，五常爲食之末。苟王者能均其衣，能讓其食，則黔黎相悅，仁之至也；父子相愛，義之至也；飢飽相讓，禮之至也；進退相得，智之至也；許諾相從〔三〕，信之至也。教之善也在於食，教之不善也在於食。其物甚卑，其用甚尊；其名尤細，其化尤大。是謂無價之寶。

校記

〔一〕「豺狼」，宋本、元本作「鴟與蟲」。

〔二〕「食」下宋本有「者」字。

〔三〕「得」，宋本作「德」。「許」，宋本作「語」。

卷六 儉化

太平

夫水火，常用之物，用之不得其道，以至於敗家，蓋失於不簡也。飲饌，常食之物，食之不得其道，以至於亡身〔一〕，蓋失於不節也。夫禮失於奢，樂失於淫。奢淫若水，去不復返，議欲救之，莫過乎儉。儉者，均食之道也。食均則仁義生，仁義生則禮樂序，禮樂序則民不怨，民不怨則神不怒，太平之業也。

校記

〔一〕「亡」，原作「忘」，據宋本、元本改。

權衡

服絺綌者不寒，而衣之布帛愈寒；食藜藿者不飢，而飯之黍稷愈飢。是故我之情也，不可不慮；民之心也〔一〕，不可不防，凡民之心，見負石者則樂於負塗，見負塗者則樂於負蒭。飢寒無實狀，輕重無必然，皆豐儉相形〔二〕，彼我相平。我心重則民心重，我負輕則民負輕〔三〕。能至於儉者，可以與民爲權衡。

校記

〔一〕「也」，宋本、元本無。
〔二〕「皆」、宋本、元本、説郛本作「蓋」。
〔三〕「負」，宋本、元本、説郛本作「務」。

禮道

禮貴於盛，儉貴於不盛；禮貴於備，儉貴於不備；禮貴於簪紱，儉貴於布素；禮貴於炳煥，儉貴於寂寞。富而富之愈不樂，貴而貴之愈不美，賞而賞之愈不足，愛而愛之愈不敬。金玉者，富之常；官爵者，貴之常〔一〕。渴飲則甘，飢食則香。夫惟儉，所以能知非常〔二〕。

校記

〔一〕「富之常」、「貴之常」下宋本、元本均有「也」字。

〔二〕「常」字原脱，據宋本、元本補。

食象

觀食象者食牛不足，觀戴冕者戴冠不足。不足有所自，不廉有所始。是知王好奢則臣不足〔一〕，臣好奢則士不足，士好奢則民不足，民好奢則天下不足。夫天下之物十之，王好一，民亦一〔二〕；王好五，民亦五；王好十，民亦十。以十論之〔三〕，則是十家爲一家，十國爲一國，十天下爲一天下，何不弊之有〔四〕！

校記

〔一〕「王」，宋本作「王者」。

〔二〕「民亦一」，元本作「民亦好一」。

〔三〕「以十論之」，宋本、元本作「以此論之」。

〔四〕「有」下宋本、元本有「哉」字。

民情

其夫好飲酒者〔一〕，其妻必貧。其子好臂鷹者，其家必困。剩養一僕，日飯三甌，歲計千甌〔二〕。以一歲計之，可享千兵〔三〕。王者歲率是享，則必告勞而聚怨，病在於增不在於損。王駕牛車，民驕於行；王居土陛，民恥於平。杜之於漸，化之於儉。所以見葛藟不足者，則樂然服布素之衣〔四〕；見窳杯而食者，則欣然用陶匏之器，民之情也。

校記

〔一〕「其夫」，原作「且夫」，據各本改。

〔二〕「千甌」，宋本、元本作「千餘甌」。

〔三〕「可享千兵」，宋本、元本作「可以享千兵」。

〔四〕「樂」，宋本、元本作「欣」。

慳號

世有慳號者，人以爲大辱，殊不知始得爲純儉之道也〔一〕。於己無所與，於民無所取。

我耕我食，我蠶我衣。妻子不寒，婢僕不飢〔二〕。人不怨之，神不罪之。故一人知儉則一家富，王者知儉則天下富。

校記

〔一〕「始得」，宋本、元本脱。
〔二〕「婢」，宋本、元本作「奴」。

君民

君之於民，異名而同愛〔一〕。君樂馳騁，民亦樂之；君喜聲色，民亦喜之；君好珠玉，民亦好之；君嗜滋味，民亦嗜之。其名則異〔二〕，其愛則同。所以服布素者，愛士之簪組；服士之簪組者，愛公卿之劍佩；服公卿之劍佩者，愛王者之旒冕〔三〕，是故王者居兆民所愛之地〔四〕，不得不慮也。況金根玉輅奪其貨，高臺崇榭奪其力，是賈民之怨，是教民之愛〔五〕。所以積薪聚米，一歲之計，而易金換玉，一日之費，不得不困，不得不儉。

校記

〔一〕「而同愛」，宋本、元本作「同愛」。

〔二〕「則異」，宋本、元本作「雖異」。

〔三〕「簪組者」，元本作「簪組」。「服布素者」、「劒佩者」兩「者」字宋本、元本均作「則」。

〔四〕「愛」，原作「憂」，據宋本、元本改。

〔五〕「民之愛」，宋本、元本作「民之好」。

乳童

乳童拱手，誰敢戲之，豈在乎黼黻也。牧豎折腰，誰敢背之，豈在乎刑政也。有賓主之敬，則雞黍可以爲大享，豈在乎簫韶也。有柔淑之態，則荆苧可以行婦道，豈在乎組繡也。而王者之制〔一〕，設溝隍以禦之，陳棨戟以衛之，蓄粟帛以養之，張欄檻以遠之。蓋有機於民，不得不藏；有私於己，不得不防。夫能張儉之機，民自不欺；用儉之私，我自不疑。夫儉者，可以爲大人之師〔二〕。

校記

〔一〕「而」字，宋本、元本脱。

〔二〕「大人」，宋本、元本作「天下」。

化柄

儉於聽可以養虛，儉於視可以養神，儉於言可以養氣，儉於私可以獲富〔一〕，儉於公可以保貴，儉於門闥可以無盜賊〔二〕，儉於環衛可以無叛亂〔三〕，儉於職官可以無姦佞，儉於嬪嬙可以保壽命，儉於心可以出生死。是知儉可以爲萬化之柄。

校記

〔一〕「富」，宋本、元本作「福」。

〔二〕「盜賊」，宋本、元本作「盜」。

〔三〕「叛亂」，宋本、元本作「亂」。

御一

王者皆知御一可以治天下也，而不知孰謂之一。夫萬道皆有一：仁亦有一，義亦有一，禮亦有一，智亦有一，信亦有一。一能貫五，五能宗一。能得一者，天下可以治。其道蓋簡而出自簡之，其言非玄而人自玄之。是故終迷其要，竟惑其妙。所以議守一之道〔一〕，莫過乎儉；儉之所律，則仁不蕩，義不亂，禮不奢，智不變，信不惑。故心有所主，而用有所本，用有所本而民有所賴〔二〕。

校記

〔一〕「議」，宋本、元本作「論」。

〔二〕「用有所本」四字，原本脱，據宋本、元本補。

三皇

君儉則臣知足，臣儉則士知足，士儉則民知足，民儉則天下知足。天下知足，所以無貪財，無競名，無姦蠹，無欺罔，無矯佞，是故禮義自生，刑政自寧，溝壘自平，甲兵自停，遊蕩自耕，所以三皇之化行。

天牧

奢者三歲之計，一歲之用；儉者一歲之計，三歲之用。至奢者猶不及〔一〕，至儉者尚有餘〔二〕。奢者富不足，儉者貧有餘。奢者心常貧，儉者心常富〔三〕。奢者好親人，所以多過，儉者能遠人，所以寡禍。奢者事君必有所辱，儉者事君必保其禄。奢者多憂，儉者多福。能終其儉者〔四〕，可以爲天下之牧。

校記

〔一〕「及」，宋本、元本、説郛本作「足」。

〔二〕「尚」，宋本、元本作「常」。

〔三〕「常」，原作「當」，據各本改。

〔四〕「終」，宋本、元本作「大」。

雕籠

懸雕籠、事玉粒養黄雀〔一〕，黄雀終不樂。垂禮樂、設賞罰教生民，生民終不泰。夫心不可安而自安之，道不可守而自守之，民不可化而自化之。所以儉於臺榭則民力有餘，儉於寶貨則民財有餘，儉於戰伐則民時有餘。不與之由與之也，不取之由取之也。海伯亡魚，不出於海；國君亡馬，不出於國。

校記

〔一〕「玉」，宋本、元本作「蟲」。

禮要

夫禮者，道出於君而君由不知，事出於職而職由不明〔一〕。儒者棲山林，敬師友，窮理樂，講本末。暨乎見羽葆車輅之狀，鐘鼓簫韶之作，則矍然若鹿，怡然若豕〔二〕；若醉於酒，若溺於水，莫知道之本，莫窮禮之旨。謂弓爲弧，則民不知矣；謂馬爲駟，則民莫信矣。所以數亂於多，不亂於少；禮惑於大，不惑於小。能師於儉者，可以得其要〔三〕。

校記

〔一〕「明」，宋本、元本作「知」。

〔二〕「怡」，宋本、元本作「脱」。

〔三〕「其」上宋本、元本有「乎」字。

清静

奢者好動，儉者好靜；奢者好難，儉者好易；奢者好繁，儉者好簡；奢者好逸樂，儉者好恬淡。有保一器畢生無璺音問，破也者，有挂一裘十年不斃者。斯人也，可以親百姓，可以司粟帛，可以掌符璽，可以即清静之道。

損益

夫仁不儉，有不仁；義不儉，有不義；禮不儉，有非禮；智不儉，有無智；信不儉，有不信。所以知儉爲五常之本，五常爲儉之末。夫禮者，益之道也；儉者，損之道也。益者損之旨，損者益之理〔一〕。禮過則淫，儉過則朴。自古及今，未有亡於儉者也〔二〕。

校記

〔一〕「益者損之旨，損者益之理」，宋本、元本作「益者損之旨也，損者益之理也。」

〔二〕「也」字宋本、元本脱。

解惑

謙者人所尊，儉者人所寶。使之謙，必不謙，使之儉，必不儉。我謙則民自謙，我儉則民自儉。機在此，不在彼，柄在君，不在人。惡行之者惑〔一〕，是故爲之文。

校記

〔一〕「惡」，宋本、元本作「恐」。「之」，宋本、元本作「斯」。

附録

〔一〕序　跋

化書後序

宋碧虛子題

予讀化書，至「老楓化爲羽人，朽麥化爲蝴蝶，自無情而之有情也。賢女化爲貞石，山蚯化爲百合，自有情而之無情也」，乃知作之者明乎莊列之旨，達乎程生馬而馬生人也。予聞曰問乎鴻濛君曰：「化書百有十篇，宋齊邱所撰非乎？」鴻濛君曰：「吾聞希夷先生誦此書，至稚子篇掩册而語吾曰：我師友譚景昇始於終南山著化書，因遊三茅，經歷建康，見齊丘有僊風道骨，雖溺於機智而異於黄埃稠人，遂引此篇云『稚子弄影，不知爲影所弄；狂夫侮像，不知爲像所侮。化家者不知爲家所化，化國者不知爲國所化。醉者負醉，疥者療疥，其勢彌顛，其病彌篤，而無反者也。』齊邱終不悟，景昇乃出化書授齊邱曰：『是書之化，其化無窮，願子序之，流於後世。』於是杖靸而去。齊邱奪爲己有而序之耳。」

噫！昔向秀述南華解義，未傳而死；郭象偷解成注，誠罪人也。今譚君名刻于白簡，身不老於人間，齊邱敢縱其盜心，蔽其僊跡，其罪尤著也。果不得其死，宜乎哉！

諸子匯函譚子跋

北史曰：譚峭隱終南山，作化書，出授齊丘子嵩曰：是書之化，其化無窮，願子序之行于世。齊丘將酒灌之沉湎，以牛皮裹縫，拋于江中。後爲漁人所獲，剖視，見峭睡齁齁不止。喚之久，方覺，乃曰：齊丘奪我化書，遂我于江。廼作詩曰：線作長江扇作天，靸鞋拋向海東邊。蓬萊信道無多地，只在譚生拄杖前。遂化風而去。故書稱齊丘子。

崑山歸有光熙甫　蒐輯

長洲文震孟文起　參訂

明弘治十七年劉達刻本化書序

道在天地間不可見，可見者化而已。化在天地間不可見，可見者形而已。蓋道者，日用事物當行之理，無物不有，無時不然，所以不可須臾離也。若其可離，則爲外物而非道矣。是道也，未有太極先天而生，本自無名，不得已而强名曰道。道尚强名，何天地萬物之有哉！名尚非有，而形形色色者亦安有所寓哉！自夫易有太極，兩儀擘分，氣之清者化爲天，氣之濁者化爲地，氣之中和者化爲人，氣之駁雜者化爲物。氣化而形生，形化而氣生，生生化化，若循環然。始而終，終而復始，無窮無極者，皆道之委用也。然則非道無以生化，非化無以顯道。道之與化，一而二、二而一者也。是故古之聖賢，立言垂訓以詔後世，莫不因形而觀化，因化以明道，蓋亦不得已而然耳。五代時，南唐有道之士譚景昇所撰化書一册，凡六卷，分道、術、德、仁、食、儉六化，共百一十篇。其意謂道不足，繼之以術；術不足，繼之以德；德不足，繼之以仁；仁不足，繼之以食；食不足，繼之以儉。其名愈下，其化愈悉。噫！信斯言也，則無形無化，無化無道，得之可以治身，可以濟物，推之可以化鄉黨邦國，亦有補於世教之文也。苟非格物致知，以精窮理之功；誠意正心，以得盡性之實，知之明，見之的，有以窺陰陽化育之原，達鳶魚飛躍之機者，孰能與於斯哉！國初潛溪先生宋景濂評其文高簡可亞關尹子，其於黄老道德實有所見。且尹子親受太上老子之教，故其所立卓爾。五代去古益遠，斯人所立，曠百世而與之同符，非真有所得，何以及此？尤足以見聖賢之生不偶也如是。是書在天順間代府板行，歲久磨滅，見之者罕，方外友鄭君常清深得是書之旨，恐後人之不及見也，欲翻刊之，謀於定州善士劉達字景亨者，即慨然捐資，命工壽梓，間以序屬余。余自謝事，潛心斯道，蓋亦有年，尚未有以得其要領，每閲是書，未嘗不一唱而三嘆。兹因其請，詎能已於言乎，故僭述數語爲之引云。

弘治甲子二月望日

賜進士奉政大夫脩正庶尹光禄寺少卿抱犢山人李紳縉卿序

明天啓刻本序

宋景濂曰：齊丘子六卷，一名化書，言道、術、德、仁、食、儉六化爲甚悉，世傳爲僞唐宋齊丘子嵩作張文潛題其後云：齊丘犬鼠之雄，蓋不足道。其爲化書雖皆淺機小數，亦微有是於黄老之所謂道德者。噫！是書之作，非齊丘子也，終南山隱者譚峭景昇也，齊丘竊之耳。其云能得一者，天下可以理，老氏説也；魂魄昧我，血氣醉我，七竅囚我，五根役我，釋氏之説也；心冥冥兮無所知，神怡怡兮無所之，氣熙熙兮無所爲。萬慮不可惑，求死不可得，神僊家説也，非淺機小數比也。使齊丘而知此，何爲不得其死哉！其文高簡，固微有見於道德者矣。

説郛本序（涵芬樓藏）

廣平宋齊丘子嵩性情慵，讀書不知古今，然好屬意於萬物，有感於心，必冥而道之。所以或得萬物之情，或見變化之妙，遂著化書以盡其道。凡六卷，百有七篇，上二卷説道與術，中二卷説德與仁，下二卷説食與儉，皆化之旨也。豈道不足化之爲術，術不足化之爲德，德不足化之爲仁，仁不足化之爲食，食不足化之爲儉。食、儉二化，其物甚早，其名甚微，其數甚大，其化甚廣，可以談道德、保仁義、厚禮樂、誠忠信。噫！不知萬物之化小人也，不知小人之化萬物也；不知小人之化化書也，不知化書之化小人也。化之道如是大已。

太和庚寅宋齊丘序

榕園叢書跋

右後唐譚峭化書六卷，四庫全書著録在子部雜家雜學類中。五代之世，各君其國，居其土者即爲其民，而道流雲游無跡，亦難定所居何地。考南嶽總勝録云：「譚峭字景昇，居終南久，著化書。過東吴見宋齊丘。游廬阜，泛漢湘，煉丹於華蓋院。」吴爲楊氏國號，其見齊丘，尚在徐知誥未稱南唐以前。考史唐明宗二年辛卯，爲楊溥大和三年，是年徐知誥鎮金陵，乙未知誥始稱齊王。景昇見齊丘，當在辛卯之後。前之學道嵩山，久居終南，其時尚爲後唐地。道藏原書稱爲晉譚紫霄真人，今定爲後唐人，從其朔也。五代史稱閩王昶封譚紫霄爲正一先生。考王昶之立，即在乙未，是歲爲唐潞王清泰元年。二年丙申，即爲石晉天福元年。封紫霄在天福二年丁酉，是年吴轉爲南唐。四年己亥，閩王昶被弑，是昶立不過五年。而景昇自辛卯後至金陵，由江西入南嶽練丹。乙未後入閩見昶，其年亦合。道流榮遇一時，未必有兩人，則即其人是景昇，未居晉地也。書以無爲勝有爲，無用勝有用，亦黄老之緒。言文則奇崛質勁，自鑄一文，宋景文筆記即從此脱胎。是别爲一種文字，不可廢也。是書鈔自道藏輯要，有明王一清注，並有前序，自稱先天風雷侍者，亦道流荒誕之習，今不録焉。

同治甲戌七月番禺李光廷識

蔣孟蘋藏宋刊本跋

傅增湘

蔣孟蘋藏宋刊本化書半葉八行，十六字，白口，左右雙線，板心注「化一」、「化二」等字，下方記刊工名一字，「貞」字闕末筆，「構」字不闕，蓋北宋刊本也。有董俊、董氏仲顲朱印，康綸鈞號(字)鳳書號伊山、康(秦)觀怡字用于號海槎墨印。後有明人跋，不署名。前有綸鈞嘉慶十七年跋。庚申二月初七傅增湘校畢自記。

〔二〕著　録

郡齋讀書志　〔宋〕晁公武

右僞唐宋齊丘子嵩撰，張耒文潛嘗題其後云：齊丘之智，特犬鼠之雄耳，蓋不足道。其爲化書雖淺機小數，亦微有見於黄老之所謂道德，其能成功有以也。文章頗亦高簡有可喜者。其言曰「君子有奇智，天下不親」，雖聖人出，斯言不廢。

直齋書録解題　〔宋〕陳振孫

化書六卷。南唐宰相廬陵宋齊邱子嵩撰。

崇文總目　〔宋〕王堯臣　等

化書六卷，譚峭撰。侗按：今本亦題峭撰。宋齊邱攘爲己作，故通志略諸書並題齊邱撰，誤也。

文淵閣書目

〔明〕楊士奇　等

譚景昇化書一部一册。

菉竹堂書目

〔明〕葉　盛

譚景昇化書一册。

四庫全書總目提要

舊本曰齊邱子，稱南唐宋齊邱撰。宋張耒跋其書，遂謂齊邱犬鼠之雄，蓋不足道。晁公武亦以齊邱所撰著於録。然宋碧虚子陳景元跋稱舊傳陳摶言譚峭景昇在終南著化書，周遊三茅，歷建康，見齊邱有道骨，因以授之，曰：「是書之化，其化無窮，願子序之，流靡後世。」於是杖靸而去。齊邱遂奪爲己有而序之。則此書爲峭所撰，稱齊邱子者非也。書凡六篇，曰道化、術化、德化、仁化、食化、儉化。其説多本黄老道德之旨，文筆亦簡勁奥質。元陸友仁硯北雜志稱譚景昇書世未嘗見，他書言其論書道，鍾、王而下一人而已。今考書道一條，見在仁化篇中，而友仁顧未之見，則元世流傳已罕矣。明初代王府嘗爲刊行，後復有劉氏、申氏諸本。今仍改題化書而以陳景元跋附焉。峭爲唐國子司業洙之子，師嵩山道士，得辟穀養氣之術，見沈汾續僊傳中。其説神怪，不足深辨。又道家稱峭爲紫霄真人，而五代史閩世家稱王昶好巫，拜道士譚紫霄爲正一先生，其事與峭同時，不知即爲一人否？方外之士，行蹤靡定，亦無從而究詰矣。

四庫全書簡明目録

化書六卷。南唐譚峭撰。宋齊邱攘爲己作，故亦謂之齊邱子。凡六篇，曰道化、術化、德化、仁化、食化、儉化。峭本道士，故大旨多出於黄老，而附會於儒言。

增訂四庫簡明目録標注

邵懿辰、邵章續録

化書六卷。道書全集本、道宗六書本、二十子本、唐宋叢書本、墨海全壺、珠叢别録本、百名家書本、子匯本作齊邱子一卷。明初代王府刊本，又弘治甲子劉氏刊本、申氏本、又嘉靖戊戌周藩刊本。〔續録〕蔣孟蘋藏宋刊本、説郛本、廣秘籍本、鹽邑志林一卷本、古今逸史本、道藏本、格致叢書本、續道藏本、清鈔本。

鄭堂讀書記

周中孚

南唐譚峭撰。（峭字景昇，爲唐國子司業洙之子，師事嵩山道士。）四庫全書著稱景昇以是書授宋齊丘，齊丘攘爲已作，故亦謂之齊丘子。崇文總目尚題峭撰，讀書志、書録解題、通志、通考、宋志則俱作齊丘撰矣。其書分六篇：曰道化，凡二十三則；曰術化，凡二十一則；曰德化，凡十六則；曰仁化，凡十七則；曰食化，凡十五則；曰儉化，凡十七則。每則皆有標目，惟道化篇首有小序。晁氏稱張文潛耒嘗題後云：「化書雖皆淺機小數，亦微有以見於黄老之所謂道德也，文章頗高簡可喜者。其言曰『君子有奇智，天下不親』，雖聖人出，斯言不廢。」云云。蓋景昇本道士，故大旨多出於黄老而附會於儒言，與羅昭諫兩同書殆猶魯衛之政耳。説郛、廣秘籍、鹽邑志林、墨海金壺均收入之。

持静齋書目

丁日昌

化書六卷，南唐譚峭撰。即齊邱子，明天啓中刊本，又一明刊本有張孝安、蘇臺逸史諸印。

崇雅堂書晉

甘鵬雲

化書六卷，南唐譚峭撰。明吴勉學刻本、湖本局本、珠叢别録本。大旨近儒，亦採黄老。四庫著録。

郋園讀書志

葉德輝

化書六卷，明弘治甲子劉氏刻本。化書六卷，南唐譚峭撰，明弘治甲子劉達刻本。每半葉九行，行二十字，大題化書卷之幾，次行紫霄真人譚景昇撰。此書本黄老道家之言，而宋晁公武郡齋讀書志入之雜志。四庫全書總目因之，殊爲失實。且撰人題宋齊邱，亦沿張耒跋語之誤。然耒稱其文章高簡可喜，又稱其「君子有奇志，天下不親」之言，雖聖人出斯言不廢。元陸友仁硯北雜志稱景昇書世未嘗見，他書言其論書道，鍾、王而下一人而已。今書道一條在仁化篇，友仁竟未之見，是此書在元時已不甚流傳。明代府既刻于前，嘉靖戊戌周藩刻於後。此本居間，爲之樞紐。明人之有功是書誠不小矣。譚峭事蹟載沈汾續僊傳，當鈔附於後，以便讀者取證云。

藏園群書經眼錄

傅增湘

化書六卷，五代譚峭撰。宋刊本，蔣孟蘋藏書，余曾借校。

化書六卷，五代譚峭撰。明弘治十七年劉達刊本，九行二十字，前有弘治甲子抱犢山人李紳搢卿序，言是書在天順間代府板行，歲久磨滅，方外鄭常清欲翻刊之，謀於定州劉達景亨，捐資壽梓云云。後有嘉祐五年碧虚子題跋。鈐有「盛沈觀印」、「元亮氏」二印。（己巳四月）

化書六卷，五代譚峭撰。明寶顔堂刻本，舊人用宋八行本校。鈐有古潭州袁卧雪廬收藏白文印。（李木齋遺書，辛巳。）

齊丘子一卷，五代譚峭撰。明嘉靖刊本，十行十九字。所翻宋本。（己未五日收得）

涵芬樓燼餘書錄

化書六卷，宋刊本，二册。題吴相宋齊丘述。四庫提要謂爲譚峭景昇所撰。前後無序跋，書凡六篇，道化第一，術化第二，德化第三，仁化第四，食化第五，儉化第六。半葉八行，行十六字，左右雙闌，版心單魚尾。書名題化幾，下記刻工姓名，均單字，多剥蝕不可辨。

印藏：董俊、董氏仲籲、康綸字□書號伊山、康觀濤字用于號海槎。

〔三〕考釋

宛丘題跋·書宋齊丘化書後

〔宋〕張耒

齊丘僞唐謀臣，其智特犬鼠之雄耳，何足道哉！其爲化書，雖皆淺機小數，亦微有見於道德，其能成功有以也。吾嘗論黄老之道德本於清静無爲，遺去情累，而其末多流爲智術刑名，何哉？夫惟清静者見物之情，而無爲者知事之要，據其要而中其情者，智術之所從出也。仁義生於恩，恩生於人情，聖人節情而不遺也。無情之至，至於無親，人而無親則忍矣。此刑名之所以用也。齊丘之道既陋，而其文章頗亦高簡有可喜者，其言曰「君有奇智，天下不親」，雖聖人出，斯言不廢。

弇州山人續稿·書化書後

〔明〕王世貞

化書者，觀化也。凡自有而忽無，自無而忽有，皆化也。其自有而漸無，自無而漸有者，亦化也。以我推物，以物推物物，以物物推天地，皆自有無之際得之，而葆身、理天下之道寓焉。其旨遠，其辭文，其言約而中，是故識者曰：此非齊丘之所著而真人譚峭景昇之所著也。景昇書成而授齊丘，使行之，齊丘匿而以己名焉。或曰齊丘既得書，忌景昇而殺之，或曰醉而以皮囊之，沈之。爲道家者曰景昇羽化者也，齊丘不得而殺也。宋人之傳奇至云有漁而得一皮囊，藻荇封之，若駝鳥羽，啟而得一人，齁齁熟眠，醒而問漁者曰：「化書行乎？」曰：「行矣。」「吾在此甚樂，幸復爲我縫而置諸水。」此傳會也。夫漁夫何以知化書之行？夫漁者得人而復置之水，寧有是理哉？是書也，吾以爲齊丘必竄入其自著十之一二，而後掩爲己有，如五常一章，忽云「運帝王之籌策，代天地之權衡，則仲尼其人是也。」彼蓋所以名齊丘意也。若景昇必不推仲尼，亦不必附於儒者。又齊丘觀化之際，輒自稱小人，所謂不考而招者，一笑一笑。

少室山房筆叢·四部正舘

〔明〕胡應麟

化書六卷，稱宋齊丘撰。宋景濂曰：齊丘子六卷，言道、術、德、仁、食、儉六化爲甚悉。世傳爲僞唐宋齊丘子嵩作。噫！是書之作，非齊丘也，終南山隱者譚峭景昇也，齊丘竊之耳。其文高簡，固微有見於道德者，非淺機小數比也。案此書張文潛、黄東發俱以爲齊丘撰，而景濂歸之譚峭，因考諸僊傳，得其人録於後：峭字景昇，唐國子司業洙之子，師嵩山道士十餘年，得辟穀養氣之術，周遊無所不之。夏則服烏裘，冬則緑布袍，或卧於風雪霜中終日，人謂已斃，視之氣休休然。因游三茅，經建康，見宋齊丘有僊風道骨，雖溺機智而異乎黄埃稠人，遂出所著化書授齊丘，曰：「是書之化，其道無窮，願子序之，流於後世。」齊丘因奪爲己有而傳之。厥後不得其死，宜哉！景濂之言，蓋出於此。然齊丘仕南唐，而南唐又有金陵羽客譚紫峭者，能劾召鬼神，四方道流從學百餘人，於三教書皆所洞曉。嘗教其徒講莊列，深以爲合於釋氏，則於今傳化書意旨尤若相類。二譚並與齊丘同時，一人耶？二人耶？吾無得而知也。因景濂語並及之。

古今館書考

〔清〕姚際恒

通考載僞唐宋齊丘子嵩撰。宋景濂以爲譚峭景昇作，齊丘竊之。據僊傳，譚景昇以化書授齊丘曰：是書之化，其道無窮，願子序之，流於後世。其後齊丘因奪爲己有而傳之，遂不得其死。恒案：僊傳之説，亦未可遽信，莫能定也。

古今館書考補正

黄雲眉

眉按：宋齊丘之死，僧文瑩玉壺清話謂齊丘當國家發難，尚欲因釁以窺覬，事敗，囚於家，縊死。鄭文寶南唐近事謀叛，餓死青陽。二説不同，皆所謂不得其死者。惟不可謂以化書故。化書爲譚峭作，齊丘奪爲己有，則書非僞而人僞耳。然亦有竄入處，王世貞書化書後曰：「是書也，吾以爲齊丘必竄入其自著之一二，而後掩爲己有，如五常一章，忽云『運帝王之籌策，代天地之權衡，則仲尼其人是也。』彼蓋所以名齊丘意也。若景昇必不推仲尼，亦不必附於儒者。又齊丘於觀化之際，輒自稱小人，所謂不考而招者。」（讀書後）又張綸言曰：「予觀是書，文雖高妙而言則駁雜，其中或祖黃老莊列，或本釋氏，或述晏墨，語皆親切；至其言儒，則不相似，由其本不知儒，故言愈精而意愈遠也。」（林泉隨筆）不知儒而又好論儒，殆即齊丘竄入處。是不特人僞而書亦僞矣。而胡應麟曰：「此書張文潛、黃東發俱以爲齊丘撰，而宋景濂歸之譚峭。然齊丘仕南唐，而南唐又有金陵羽客譚紫霄者，能劾召鬼神，四方道流從學者百餘人，則於今傳化書意旨尤若相類。二譚並與齊丘同時，一人耶？二人耶？吾不得而知矣。」（四部正譌）按陳景元跋，稱「舊傳陳摶言譚峭在終南山著化書，因遊三茅，歷建康」云云，則譚紫霄或即譚峭。然其書即爲齊丘所奪而又有竄入，因當與僞書同觀。二譚之爲一人爲二人，於齊丘所攘竄之罪，蓋無擇焉。

中興館閣書目輯考

趙士煒

化書三卷。〔原釋〕南唐宋齊邱撰，凡百十篇，上卷言道與術，中卷言德與仁，下卷言食與儉。按：崇文總目、宋志及今本並作六卷，此三卷者據原釋云云。今本作六篇，篇名爲卷，不過稍有分合耳。四庫提要據宋碧虚子陳景元跋，定爲譚峭撰，宋齊邱攘爲己有。

四庫提要辯證

余嘉錫

嘉錫案：南唐孟一之（貫）詩集有贈棲隱洞譚先生詩，李中碧雲集卷下有廬山棲隱洞譚先生院留題詩。宋陳舜俞廬山記卷三云：「棲隱觀古名棲隱洞，保大中道士譚紫霄來自閩中，賜號金門羽客，始立觀於此。」譚之在閩中，號洞玄天師、貞一先生。貞一即正一，於五代史合。陸游南唐書卷十七云：「譚紫霄，泉州人，幼爲道士。自言得道陵天心正法，劾鬼魅、治疾病多效。閩王王昶尊事之，號金門羽客、正一先生。閩亡，遯居廬山棲隱洞，學者百餘人。後主聞其名，召見，賜官階，辭不受。俄無疾卒，年百餘歲。」十國春秋卷九十九譚紫霄傳亦云：「康宗（按：即王昶。）奉爲師，封正一先生。閩亡，寓廬山棲隱洞。南唐後主（按廬山記，紫霄賜號在保大中，則當以元宗時至建康，故及見宋齊丘。

南唐書及十國春秋均以爲後主召之，誤也。）聞其名，召至建康，賜號金門羽客，階以金紫，比蜀之杜光庭，皆讓不受。」是紫霄嘗自閩中游建康，與陳景元跋所謂歷建康見齊丘者合。然則五代史之譚紫霄，蓋即著此書之紫霄真人譚峭也。陸游及吴任臣作紫霄傳，均不知其名峭。蓋猶考之未審矣。老學菴筆記卷五云：「林靈素爲金門羽客，用閩王、譚紫霄故事。」據廬山記，金門羽客爲南唐賜號，南唐書及老學菴筆記均以爲閩王時事，疑陸游誤記。然亦可見南唐之號金門羽客者，即閩之譚紫霄也。惟宋趙與旹賓退録卷五云：「南唐保大中，賜道士譚紫霄號金門羽客者，見廬山記。祐陵賜林靈素號，用此故事。」其説獨不誤。宋齊丘者，奸人之雄，亦頗能文章，其竊景昇之書而有之，殆亦有所潤飾於其間，必不肯一字不易，僅作抄胥而已。王世貞弇州山人續稿卷一百五十一有此書跋，曰：「是書也，吾以爲齊丘必竄入其自著十之一二，而後掩爲己有，如五常一章忽云『運帝王之籌策，代天地之權衡，則仲尼其人是也』。彼蓋所以名齊丘意也。若景昇必不推仲尼，亦不必附於儒者。」此説雖無所考證，而其言頗有理，故録之。

〔四〕作者生平史傳輯要

續 泱 傳

〔南唐〕沈 汾

譚峭，字景昇，唐國子司業洙之子，幼而聰明，及長，頗涉經史，强記，問無不知，屬文清麗。洙訓以進士業，然峭不然，迥好黄老諸子以及周穆、漢武、茅君，列僊内傳，靡不精究。一旦告父出遊終南山，父以終南山近京都，許之。自經終南游太白、太行、王屋、嵩、華、泰獄，迤邐遊歷名山，不復歸寧。父馳書委曲責之，復謝曰：「茅君昔爲人子，亦辭父學僊，今峭慕之，冀其有益。」父以其堅心求道，豈以世事拘之，乃聽其所從。而峭師於嵩山道士十餘年，得辟穀養氣之術。唯以酒爲樂，常醉騰騰。周遊無所不之，夏則服烏裘，冬則緑布衫。或卧於風霜雪中經日，人謂已斃，眎之，氣出休休然。父常念之，每遣家童尋訪，春冬必寄之以衣及錢帛。捧之且喜，復書，遽厚遺家童廻，纔去，便以父所寄衣出，街路見貧寒者與之，及寄與酒家，一無所留。人或問之：「何爲如此？」曰：「何能看得？盗之所竊，必累於人。不衣不食，固無憂矣。」常欣欣如也，或謂風狂。行吟曰：「線作長江扇作天，靸鞋抛向海東邊。蓬萊信道無多地，衹在譚生拄杖前。」爾後居南獄，煉丹成，服之，入水不濡，入火不灼，亦能形變化。復入青城山而不出矣。

席上腐談

〔宋〕俞　琰

化書乃譚峭所作，峭字景昇，携其書來求齊丘序，齊丘殺景昇，遂竊其書，自名之。

南唐書

〔宋〕陸　游

譚紫霄，泉州人，幼爲道士。初有陳守元者，亦道士，嘗劚地得木札數十，貯銅盎中，皆漢張道陵府篆，朱墨如新。藏弆而不能用，以投紫霄，霄盡能通之。遂自古得道陵天心正法，劾鬼魅、治疾病多效。閩王王昶尊事之，號金門羽客、正一先生。閩亡，遯居廬山棲隱洞，學者百餘人。武昌節度使何敬洙嘗殺女奴，投屍井中，人無知者。遇疾，召紫霄。中夜被髮仗劍考治，見女厲自訴。詰旦，屏人以語敬洙。乃册篆符遣之，疾即愈。廬山僧辟路有大石，堅不可鑱，紫霄往視，曰：「此固易爾。」索杯水啜之，命工施鑱，應手如粉。後主聞其名，召見，賜官階，辭不受。俄不疾卒，年百餘歲。今言天心法者，皆祖紫霄。

南唐書　譚紫霄　〔宋〕馬　令

道士譚紫霄，泉州人也。與陳守元相善，事王昶，封正一先生。閩亡，寓廬山棲隱洞，其徒百餘人。有道術，醮星宿，事黑煞神君。禹步魁罡，禁沮鬼魅，禳祈灾禍，頗知人之壽夭。武昌軍節度使何敬洙，寵婢獲怒，置井中死，人無知者。建隆初，敬洙遘疾，召紫霄。中夜被髪，燃燈静室，見女厲自訴爲祟之由。紫霄詰旦，具言之。敬洙曰：「信然。」乃丹書符送之，敬洙即愈。有僧於溪遊翔亭，若火石横直，累工不能平，紫峭往見曰：「斯固易也。」因以指捻訣，含水啜之，命鎚其石，應手如粉。後主聞之，召至建康，賜之道號，階以紫金，比蜀之杜光庭，皆讓不受。凡所獲醮祭之施，轉以給四方賓旅。金陵既下，紫峭無疾卒，人謂之尸解。莫知其壽算。歸葬之日，有祥雲白鶴盤繞送之。

賓退録　〔宋〕趙與旹

南唐保大中賜道士譚紫霄號金門羽客，事見廬山記。祐陵賜林靈素號，用此故事。

十國春秋譚峭傳

〔清〕吴任臣

譚峭字景昇，故唐國子司業洙之子也。洙訓以進士業，而峭酷好黄老書，師嵩山道士十餘年，得辟穀養氣之術（沈汾續僊傳載峭謂父曰：「茅君昔爲人子，亦辭父學僊，今峭慕之，冀其有益。」）。夏則服烏裘，冬則緑布衫。或卧於風雪中經日，人謂已斃，視之氣騰騰然。久之，煉丹南嶽成，能入水火，隱形不見。因躡屩遊三茅山，道過金陵，見宋齊丘有僊骨，雖溺機智而異於衆人，出所著化書授齊丘，曰：「是書之化，其道無窮，曷序而流於後世。」齊丘遂奪而傳之。（一云齊丘利其書，虐峭以酒醉而縫以革囊，投諸深淵。有漁人剖之，峭鼾睡正濃，呼問曰：「我譚景昇也。齊丘奪我化書，沉我於淵。化書已行，吾不復人世矣。吾睡囊中得大休歇。」又五色線載譚峭詩，有「蓬萊信道無多地，只在譚生拄杖前。」云云。）後入青城山僊去。

十國春秋譚紫霄

〔清〕吴任臣

譚紫霄，泉州人也。於陳守元相善。守元斸地得木札數十，貯銅盎中，皆漢張道陵符篆，朱墨如新，藏弆而不能用，以授紫霄。紫霄皆通之，遂自言得道陵天心正法，劾鬼魅、治疾病多效。康宗奉爲師，封正一先生，月給山水香焚之。閩亡，寓廬山棲隱洞，學者百餘人。有道術，醮星宿，事黑煞神君。禹步魁罡，祈禳災福，頗知人壽夭。南唐武昌節度使何敬洙寵婢置井中死，人無知者，敬洙遘疾，召紫霄。中夜被髮，仗劍考治，見女厲自訴爲祟之由。詰旦，屏人以語敬洙，乃書丹符遣之，疾良已。廬山僧闢路，有大石堅不可鑱，紫霄往視，曰：「斯固易爾。」索杯水噀之，命工施鑱，應手如粉。南唐後主聞其名，召至建康，賜號金門羽客，階以金紫，比蜀之杜光庭，皆讓不受。金陵既下，紫霄年百餘歲，卒於廬山棲隱洞，人謂之尸解。歸葬日，有祥雲白鶴繞之。

全唐詩譚峭小傳

〔清〕彭定求等編

譚峭，字景昇，國子司業洙之子，博涉經史，屬文清麗。洙訓以進士業，而峭酷好黄老書。辭父遠遊，師嵩山道士，得辟穀養氣之術。後入青城山僊去。

大言詩

線作（一作「大」）長江扇作（一作「大」）天，靸鞵抛向（一作「在」）海東邊，蓬萊信道無多路（一作「世間多少閒蟲豸」），只（一作「盡」）在譚生拄杖前。

句

雲外星霜如走電，世間娛樂似抛磚。

嘉興府志

五代譚峭字景昇，遊名山，得辟穀養氣之術，夏裘冬葛，狀類風狂。嘗著化書，宋齊丘欲竊爲己有，醉之酒，縫革囊中，投之江。金山漁者得而剖之，見峭方醒，張目曰：「齊丘奪我化書，今藏形矣！」遂去不復見。峭本泉州人，國子司業洙之子。是中有譚僊嶺，相傳是其煉藥得道處。

中華書局

初版責編
盧仁龍